Annette Kranz
Evgenia Strauß

SO SCHMECKT EUROPA

in Düsseldorf

Annette Kranz Evgenia Strauß

SO SCHMECKT EUROPA

in Düsseldorf

Droste Verlag

LÄNDER & REZEPTE A–Z

LÄNDER & REZEPTE A–Z

SO SCHMECKT EUROPA

Von malerischen Gletschern in Schweden bis zur einzigen Wüste des Kontinents in Spanien, von wogenden Wellen am Atlantik bis zu den Gipfeln des Balkangebirges: Europa ist aufregend, bewegend und bunt – genau wie seine Kochkultur. In Dörfern und Großstädten, an Lagerfeuern und Steinöfen, auf Feldern, in Familienküchen und Gourmet-Restaurants sind über Jahrzehnte einzigartige Rezeptideen entstanden. Viele davon haben inzwischen ihren Weg nach Düsseldorf gefunden, wo Menschen aus allen EU-Ländern leben, arbeiten und natürlich auch kochen.

Vor laufender Kamera wird gekocht.

Maija Löffelbein präsentiert stolz ihr Lieblingsgericht aus Lettland.

Dieses Buch stellt die Lieblingsspeisen der Protagonisten der erfolgreichen Video-Reihe „So schmeckt Europa" vor. Zu finden sind nicht nur traditionelle und moderne Lieblingsrezepte aus handgeschriebenen Büchern der Großmutter oder aus experimentellen Gedankenspielen am Herd, sondern auch Hintergründe zu den 27 EU-Staaten – zum Hungrigwerden und Neugierigbleiben, zum Nachkochen und zum Neuentdecken eines Europas voller Überraschungen.

Europa ist aufregend, bewegend und bunt.

EUROPE DIRECT – für mehr Europa in Düsseldorf

„In Deutschland wünscht man sich Kuchen zum Geburtstag, aber ich habe mir immer eine Tortilla gewünscht", erklärt Inma lachend. Sie stammt ursprünglich aus Madrid und bereitet in ihrer Küche in Düsseldorf gemeinsam mit ihrer Tochter Theresa die klassisch spanische Spezialität aus Kartoffeln und Ei für den Dreh von „So schmeckt Europa" vor. Das Projekt begann im Sommer 2020 als Video-Reihe und war eine Idee von EUROPE DIRECT Düsseldorf, das zum Informationsnetzwerk der Europäischen Kommission gehört. Seit 2018 fördert das Büro – unter dem Dach des Düsseldorfer Oberbürgermeisters – den europäischen Gedanken in der Stadt.

Das EUROPE DIRECT veranstaltet Events und Diskussionen zu EU-Themen, bietet Studienreisen an, organisiert kreative europäische Projekte und unterstützt die Düsseldorfer bei ihren Europa-Aktivitäten.

Wie das Kochprojekt begann

Für „So schmeckt Europa" holte sich das EUROPE DIRECT Düsseldorf das Medienunternehmen public vision GmbH mit ins Boot. Von Sommer 2020 bis Ende 2021 besuchte das Team Menschen aus dem Raum Düsseldorf, deren Wurzeln in einem oder mehreren der 27 EU-Länder liegen – und zwar in ihren Küchen. Dort kochten Familien, Paare, Freunde und Solo-Hobbyköche ein Gericht ihres jeweiligen Heimatlandes vor laufender Kamera. Zu sehen sind die 27 rund sechsminütigen Videos auf dem YouTube-Kanal der Landeshauptstadt Düsseldorf.

In Düsseldorf kommt Europa zusammen.

Feine Ideen vom Borschtsch bis zum Seeteufel

Die kurzweiligen und sympathischen Folgen machten viele Zuschauer so hungrig und neugierig, dass schließlich die Idee entstand, ein ganzes Kochbuch zu „So schmeckt Europa" herauszubringen. Nicht nur anzuschauen, sondern nun auch nachzulesen, ist unter anderem das ungarische Paprikás Csirke, das Jörg über einer Feuerschale in seinem verschneiten Garten kocht und das ein Gericht ist, das schon im 19. Jahrhundert bei Hirten beliebt war. Das französisch-deutsche Paar Marie-Catherine und Michael nimmt die Leserinnen und Leser mit zu seinem zwiebeligen Bœuf Bourguignon, und der Ire Mick gibt preis, worauf es beim Kochen mit Guinness ankommt: „Ein Guinness für die Pfanne und eines für den Koch!" Freunde der Kulinarik erfahren, wie man in Litauen mit Eiern an Ostern die Zukunft vorhersagt und welches „Ungeheuer" aus der Tiefe des Meeres die deutsch-portugiesischen Freunde André und Paulo schmackhaft anrichten. Österreichische Marillenknödel, maltesische Ofen-Pasta, spanische Tortilla oder die bulgarische Baniza – in Düsseldorf kommt Europa zusammen.

Viel Spaß beim Lesen und Nachkochen!

Smørrebrød ist Dänemarks Spezialität.

Neben jedem Rezept findet sich ein QR-Code, der direkt zu der jeweiligen Video-Folge führt.

Rotwein ist fester Bestandteil der französischen Küche. (o. l.) | Claudia Oddo tischt traditionelle italienische Speisen auf. (o. r.) | Bulgarische Baniza frisch aus dem Ofen! (u. l.) | Michalis Patentalis kocht griechisch zusammen mit Tochter Luna. (u. r.)

BELGIEN

· IN VIELFALT GEEINT ·

Belgien – das ist Europa, nicht nur, weil hier die Institutionen der EU in der Hauptstadt Brüssel zu Hause sind. Belgien ist auch ein gelebtes Beispiel für das EU-Motto „In Vielfalt geeint“. Das Land zwischen den Nordseedünen, den Mooren des Hohen Venn und den Wäldern der Ardennen vereint Flamen und Wallonen im Norden und Süden und die deutschsprachige Gemeinde im Osten. Belgien und seine Menschen haben es immer wieder geschafft, die Schwierigkeiten, die aus kulturellen und sprachlichen Unterschieden entstehen, zu überwinden.

Doch egal, wo man is(s)t: An Pommes frites kommt man in Belgien nicht vorbei. Das Land hat geschätzt 5.000 Pommesbuden, in Brügge ist den Fritten sogar ein Museum gewidmet. Doch auch zu Hause lassen sich die Pommes frites wunderbar zubereiten. Zumindest wenn man, wie **Pascale Willems**, über eine Fritteuse verfügt. Ohne sie kommt kein belgischer Haushalt aus, sagt Pascale, die die **„Carbonade belge“** – einen Schmorfleisch-Eintopf – zubereitet. Pommes gehören zu diesem Gericht dazu, wie der Senf an die Bratwurst. Und natürlich auch Klosterbier. Die wichtigste Zutat, wie Pascale meint.

DIE KÖCHIN: PASCALE WILLEMS

Pascales Geheimtipp, damit's gelingt:

„Lange bei niedriger Hitze schmoren lassen und öfters umrühren, damit das Fleisch wunderbar zart wird. Unbedingt dunkles Bier und gutes Fleisch vom Metzger verwenden.“

BON APPÉTIT!

CARBONADE BELGE

• SCHMORFLEISCH-EINTOPF •

4–6
Personen

35 Min.
6–8 Std. Garzeit

Am besten bereitet man den Eintopf am Vortag vor. So kann das Gericht seinen vollen Geschmack entfalten. Der belgische Name Carbonade leitet sich von „charbon“ ab, der Holzkohle, auf der das Fleisch früher stundenlang köchelte.

ZUTATEN

- 2 Zwiebeln
- Butter
- 1 kg Rindfleisch (aus der Oberschale)
- 1 EL Mehl
- 500 ml dunkles Bier (Chimay oder Leffe brune)
- 1 EL brauner Zucker
- 1 Lorbeerblatt
- 1–2 Zweige Thymian
- 2 Scheiben Landbrot, mit Senf bestrichen
- Salz & Pfeffer

ZUBEREITUNG

Zunächst die Zwiebeln hacken und mit Butter in einem Schmortopf anbraten. Rindfleisch in mundgerechte Stücke schneiden und in einer Pfanne von allen Seiten gut anbraten, salzen, pfeffern und zu den Zwiebeln in den Schmortopf geben.

1 EL Mehl einrühren, anschließend das Bier hinzufügen. Danach den braunen Zucker, das Lorbeerblatt, Thymian, Salz und Pfeffer unterrühren.

Die Sauce zum Kochen bringen, dann die Hitze reduzieren. Die Senfbrote auf den Topfinhalt legen und das Ganze 4 Stunden lang bei schwacher Hitze garen lassen, bis sich die Brote vollständig aufgelöst haben. Anschließend das Ganze abkühlen lassen.

Am nächsten Tag den Topfinhalt erwärmen und noch einmal für 2–4 Stunden auf niedriger Hitze garen lassen. Die Länge hängt davon ab, wie stark die Sauce reduziert werden soll (je weniger Flüssigkeit, desto intensiver der Geschmack). Zum Schluss abschmecken und nach Belieben nachwürzen.

Zum Kochvideo

BULGARIEN

· MIT GESCHMACK ZUM GLÜCK ·

Bulgarien grenzt im Norden an Rumänien, im Osten an das Schwarze Meer, im Süden an Griechenland und die Türkei und im Westen an Nordmazedonien und Serbien. Vielleicht ist diese geografische Lage der Grund, warum die bulgarische Küche so vielfältig und abwechslungsreich ist. Viele der Gerichte werden nach alten Rezepten zubereitet, die von Generation zu Generation weitergegeben werden.

Der Joghurt ist aus der bulgarischen Küche nicht wegzudenken und wird sogar verdünnt mit Wasser getrunken. Natürlich bildet er auch die Grundlage für das bulgarische „Königsgericht" – **Baniza**: die mit Joghurt und Schafskäse gefüllte Filoteig-Blätterteigschnecke. „Baniza wird den bulgarischen Kindern quasi mit der Muttermilch verabreicht", erzählt **Sonya Velikova**, die Baniza nach dem alten Rezept ihrer Heimat zubereitet. Ohne Baniza vergeht in Bulgarien auch kein Weihnachts- oder Neujahrsfest. Dafür gibt es eine spezielle Glücksbringer-Baniza-Variante: Bei der Zubereitung werden Zettelchen mit Glückwünschen für das neue Jahr im Gebäck versteckt – Gesundheit, Glück, Geld, Liebe. Ein leckerer Brauch.

DIE KÖCHIN: SONYA VELIKOVA

Sonyas Geheimtipp, damit's gelingt:
„Die Zutaten müssen frisch sein. Die fertige Baniza sollte man mit zwei Küchentüchern abdecken, bis sie etwas abgekühlt ist. Dann schmeckt sie am besten."

DOBĂR APETIT!

BANIZA

• BULGARISCHE BLÄTTERTEIGSCHNECKE •

4 Personen

60 Min. Zubereitung

Kalt oder warm – die Baniza ist ein absoluter Partykracher. Sie wird zu allen Anlässen, Jahres- und Tageszeiten serviert, gerne auch zum Frühstück. Auch die Füllungen können variieren. Zu Weihnachten tritt die Baniza in Form eines Orakels in Erscheinung.

ZUTATEN

250 g Schafskäse
1 TL Natron
250 g Naturjoghurt
4 Eier
100 ml Speiseöl
1 Packung Filoteig
flüssige Butter zum Einfetten der Backform

ZUBEREITUNG

Den Schafskäse klein schneiden und mit einer Gabel zerdrücken. Natron mit dem Naturjoghurt verrühren. Die Eier schaumig schlagen (1 Eigelb aufbewahren, damit wird die Baniza am Ende bestrichen). Schafskäse, Öl und Natron-Joghurt dazugeben, miteinander vermengen und gut umrühren.

Den Backofen auf 160 Grad Umluft vorheizen. Eine Backform (26 cm Durchmesser) mit flüssiger Butter bepinseln oder mit Backpapier auslegen. Filoteig ausrollen (immer 2 Blätter nehmen, da diese sehr dünn sind) und die Ei-Käse-Mischung (ca. 4 EL) gleichmäßig darauf verteilen.

Filoteig locker aufrollen, eine Schnecke daraus formen. So fortfahren, bis alle Filoteigblätter und die gesamte Masse aufgebraucht sind. Die Rollen spiralförmig in die Backform legen.

Das Eigelb mit 3–4 EL Wasser verquirlen, gegebenenfalls mit dem Rest der Ei-Käse-Masse vermischen und die Baniza damit bestreichen. Im vorgeheizten Backofen etwa 45 Minuten goldbraun backen.

Zum Kochvideo

DÄNEMARK

• FARBIGE RAFFINESSE •

Dänemark ist das kleinste der skandinavischen Länder. Ganz im Norden, nördlich der Ortschaft Skagen treffen Nord- und Ostsee aufeinander. Das Licht hier im Norden ist ein ganz besonderes: changierend zwischen definiert und flirrend an sonnigen Sommertagen und in monochromem Grau, wenn die Sonne nicht scheint, wenn die Wolken tief über Land und Meer hängen.

Ein Essen, bei dem die Farben mindestens so wichtig sind wie der Geschmack, ist das **Smørrebrød** – zu Deutsch: raffiniert belegte Roggenbrotvariationen. **Joakim Olsen** hat aus der Vielfalt von Rezepten, die die dänische Küche bereithält, drei Varianten in den Kategorien Fleisch, Fisch und Käse zubereitet.

Ein Smørrebrød ist dann gelungen, wenn Geschmack und Farben für sich wirken und trotzdem harmonieren. Ein Spagat, der nicht ganz einfach ist, weshalb die Zubereitung von Smørrebrød in Dänemark ein Ausbildungsberuf ist. Joakim erzählt von seiner Tante, die diesen Karriereweg gewählt hatte und so im Laufe ihres Berufslebens sicherlich tausendfach Optik und Geschmack erfolgreich vereinte.

DER KOCH: JOAKIM OLSEN

Joakims Geheimtipp, damit's gelingt:
„Viel Fantasie, Vorfreude und Liebe helfen, das leckerste Smørrebrød zu kreieren."

VELBEKOMME!

SMØRREBRØD

• BELEGTE ROGGENBROTE •

1 Person

15 Min. Zubereitung

Smørrebrød sind mit verschiedensten Auflagen belegte Roggenbrote, die zu den traditionellen dänischen Nationalspeisen gehören. Das Schönste an den Smørrebrød ist, dass sie sich schnell zubereiten lassen und zudem noch gut schmecken. Der Klassiker unter den dänischen Smørrebrød ist Dyrlægens natmad, zu Deutsch: Nachtspeise des Tierarztes.

ZUTATEN

Mit Fisch:

dänisches Roggenbrot
Butter (Smør)
Romanasalat
stückiges Apfelmus
oder frischer Apfel
Curry-Hering (Karrysild)
rote Zwiebeln
Kresse & Dill
wahlweise Schnittlauch

Mit Käse:

dänisches Roggenbrot
Butter (Smør)
Esrom-Käse
Ei, Gurke & Radieschen
Schnittlauch

Dyrlægens natmad:

dänisches Roggenbrot
Butter (Smør)
dänische grobe Leberpastete
dänisches Salzfleisch
Sky (gelierter Bratenjus)
Rote Bete
Schalotten oder rote Zwiebeln
Kresse

ZUBEREITUNG

Smørrebrød mit Fisch: Roggenbrot in dünne Scheiben schneiden, die Scheiben halbieren und mit Butter bestreichen. Ein Romanasalatblatt als Unterlage auf das Brot legen. Ein oder zwei Stückchen Karrysild auflegen. Etwas Apfelmus mit Stückchen oder einige Streifen eines frisch geschnittenen Apfels hinzugeben. Mit roten Zwiebelringen, Kresse und Dill oder wahlweise auch mit Schnittlauch dekorieren.

Smørrebrød mit Käse: Roggenbrot in dünne Scheiben schneiden, die Scheiben halbieren und mit Butter bestreichen. Mit jeweils einem Stück Esrom-Käse belegen. Je nach Geschmack einige Ei-Scheibchen (alternativ Marmelade oder Senf) ergänzen. Mit Gurken- und Radieschenscheiben sowie Schnittlauchröllchen dekorieren und nach Belieben mit Mayonnaise abrunden.

Smørrebrød Dyrlægens natmad: Roggenbrot in dünne Scheiben schneiden, die Scheiben halbieren und mit Butter bestreichen. Die Brothälften mit dänischer Leberpastete bestreichen. Darauf eine Lage (ein oder zwei Scheiben) dänisches Salzfleisch verteilen. Mit Sky, einigen Stückchen klein geschnittener Roter Bete und Schalotten oder Zwiebeln belegen. Zum Schluss mit etwas Kresse dekorieren.

Gegessen werden die Smørrebrød mit Messer und Gabel.

Zum Kochvideo

DEUTSCHLAND

· ÄCHT LECKER ·

Deutschland kulinarisch zu fassen, ist gar nicht leicht, denn was ist schon typisch deutsch zwischen Rollmops und Eisbein? Und selbst die vermeintlich deutschesten Leibgerichte, in einem Fall das Kraut, im anderen Fall die Kartoffel, die gerne dazu dienen, „die Deutschen" zu kennzeichnen, sind herkunftsbedingt dafür eigentlich nicht geeignet. Der genaue Ursprung des Sauerkrauts ist nicht bekannt, doch viele vermuten hier das alte China. Und die Kartoffel stammt bekanntlich aus Südamerika.

Wilma und Kai haben sich solchen Fragen elegant entzogen und ganz auf das Regionale gesetzt: den **Düsseldorfer Senfrostbraten**. Obwohl – ganz aufs Regionale? Wie war das noch mit dem Senf? Dieser ist in guter europäischer Tradition nach Düsseldorf eingewandert und zwar aus Dijon in Frankreich. Heute würde aber keinem Düsseldorfer mehr in den Sinn kommen, daran zu zweifeln, dass Senf nach Altbier, Altstadt, Killepitsch, Fortuna und der DEG so ziemlich das Düsseldorferischste ist, was einem einfallen kann. Also: So schmeckt Europa regional – ächt lecker!

DAS KOCHTEAM: **KAI & WILMA**

Kais & Wilmas Geheimtipp, damit's gelingt: *„Ein Schuss Altbier trägt zum urigen Geschmack bei!"*

GUTEN APPETIT!

DÜSSELDORFER SENFROSTBRATEN

In Düsseldorf kommt man um den Senfrostbraten nicht herum. Die wichtigste Zutat ist der Senf – der Mostert, wie man in Düsseldorf sagt. Ein Muss ist auch das Altbier – im und zum Gericht.

4 Personen

80 – 90 Min. Zubereitung

ZUTATEN

Apfelkompott:
- 500 g Äpfel
- 1 Zimtstange (5 cm)
- 30 g Zucker
- 1/2 Zitrone, unbehandelt

Bratkartoffeln:
- 800 g Kartoffeln (festkochend)
- 2 Zwiebeln
- 3 EL Rapsöl
- 1 EL Petersilie, fein gehackt
- Salz & Pfeffer

Senfrostbraten:
- 600 g Roastbeef
- 150 g Zwiebeln
- 50 g Senf (mittelscharf)
- 50 ml Sahne
- Düsseldorfer Altbier
- 1 EL Sonnenblumenöl
- Salz & Pfeffer

ZUBEREITUNG

Den Backofen auf 220 Grad Ober-/Unterhitze (Umluft 200 Grad) vorheizen. Für das Apfelkompott die Äpfel schälen, entkernen, achteln und in einen Topf geben. Zimtstange, Zucker, Zitronenabrieb und 150 ml Wasser zugeben, kurz aufkochen und 3 – 4 Minuten köcheln lassen. Danach vom Herd nehmen und abkühlen lassen.

Für die Bratkartoffeln die Kartoffeln gründlich waschen, in einen Topf mit Salzwasser geben und ca. 25 Minuten kochen lassen. Abgießen und abkühlen lassen. Danach pellen und in Scheiben schneiden. Die Zwiebeln in feine Würfel schneiden. Rapsöl in einer beschichteten Pfanne erhitzen, Zwiebelstücke andünsten und Kartoffeln für 8 – 10 Minuten unter gelegentlichem Wenden knusprig anbraten. Mit Salz, Pfeffer und Petersilie würzen.

Das Roastbeef in 4 Scheiben à 150 g schneiden, etwas flach klopfen, salzen, pfeffern. Für die Panade die Zwiebeln schälen und fein würfeln, mit dem Senf verrühren. Sahne hinzufügen, mit Salz und Pfeffer abschmecken, alles mit dem Mörser zerkleinern. Einen Schuss Düsseldorfer Altbier dazugeben. Das Öl in einer ofenfesten Pfanne erhitzen und die Fleischscheiben darin von jeder Seite ca. 2 Minuten scharf anbraten. Nun die Panade auf eine Seite streichen. Im vorgeheizten Backofen kurz gratinieren.

Die Senfrostbratenscheiben auf vorgewärmten Tellern anrichten. Apfelkompott und Bratkartoffeln dazureichen.

Zum Kochvideo

ESTLAND

· MIT NOSTALGIE IN DIE ZUKUNFT ·

In nur wenigen Jahrzehnten hat sich Estland von einer ehemaligen Sowjetrepublik zu einem EU-weiten Vorreiter in der Digitalisierung entwickelt. So wurde der Internetzugang als Menschenrecht gesetzlich verankert und die elektronische Identität eingeführt. Gleichzeitig spielen in Estland die kulturellen Bräuche – von alten Liedern über die Hochzeits- und Saunatradition – eine immer noch große Rolle.

Die Nostalgie der alten Traditionen spiegelt sich auch im Rezept von **Erika Rubinstein** wider. Die gebürtige Tallinnerin verbindet die süßen **„Moskva saiad"** – Moskauer Brötchen – mit einem bestimmten Café direkt im Zentrum der estnischen Hauptstadt, das sie als Kind gerne besucht hat.

DIE KÖCHIN: ERIKA RUBINSTEIN

Das Besondere an den „Moskva saiad" ist die Vanille-Grieß-Füllung. Sie gibt dem Gebäck eine unwiderstehliche Note und macht jeden Kaffeeklatsch zu einem Erlebnis.

Erikas Geheimtipp, damit's gelingt:
„Wenn der Teig beim Kneten zu trocken ist, einfach ein bisschen lauwarme Milch dazugeben."

HEAD ISU!

MOSKVA SAIAD

• MOSKAUER BRÖTCHEN •

4 Personen

35 Min.
2 Std. Ruhezeit für den Teig

Die süßen Hefebrötchen haben trotz ihres Namens nichts mit Moskau zu tun und sind eher typisch für Tallinn. Zu Sowjetzeiten hatte Tallinn im Vergleich zum Rest der Sowjetunion eine ausgedehnte Kaffeekultur. Bis heute gibt es dort viele kleine Cafés, wo man die landestypischen Moskauer Brötchen vorfinden kann.

ZUTATEN

Für den Teig:
200 ml Milch
12 g Trockenhefe
100 g Zucker
3 Eier
Salz
200 g Butter
650 g Weizenmehl
Pflanzenöl
Puderzucker

Für die Cremefüllung:
150 ml Milch
Salz
Vanillezucker
10 g Butter
1 EL Mehl
1 EL Grieß
1 Ei
2 EL Zucker

ZUBEREITUNG

Für den Teig die lauwarme Milch mit der Trockenhefe gut vermischen und 10 Minuten stehen lassen, damit die Hefe gehen kann. Danach Zucker, zwei Eier, eine Prise Salz und weiche Butter hineingeben. Mehl langsam hinzufügen und unterrühren. Den Teig kneten und zu einer Kugel formen, mit Pflanzenöl bestreichen und in eine tiefe Schüssel legen. Den Teig abgedeckt an einem warmen Ort 2 Stunden gehen lassen.

Für die Füllung die Milch aufkochen, dann Salz, Vanillezucker und Butter hinzufügen. Anschließend vom Herd nehmen und Mehl und Grieß mit einem Schneebesen einrühren. Dabei aufpassen, dass keine Klümpchen entstehen. Dann wieder aufkochen. Separat ein Ei mit dem Zucker schlagen und zu der Creme geben. Erneut erwärmen, aber diesmal nicht kochen lassen. Die fertige Creme vom Herd nehmen und abkühlen lassen. Auf einer mit Mehl bestäubten Fläche den Teig 3 Millimeter dick ausrollen und Rauten mit einer Seitenlänge von 7 – 10 cm ausschneiden. In die Mitte jeder Teigraute 1 – 2 TL Creme geben und die zwei Seiten des Teigs wie einen Umschlag zusammenklappen.

Die fertigen Brötchen auf ein mit Backpapier ausgelegtes Blech legen und 20 Minuten stehen lassen. Danach mit Ei bestreichen und 10 – 15 Minuten bei 200 Grad Ober-/Unterhitze im Backofen garen. Herausnehmen, abkühlen lassen und mit Puderzucker bestreut servieren.

Zum Kochvideo

FINNLAND

• WALD, WASSER, KARELIEN •

Wald und Wasser prägen Finnlands Landschaft. Die Ostsee, tausende von Gewässern und ganz viel Wald kennzeichnen das Land, das flächenmäßig fast so groß ist wie Deutschland, aber mit nur knapp sechs Millionen Einwohnern zu den am dünnsten besiedelten europäischen Ländern zählt. Finnland blickt auf eine bewegte Geschichte, zwischen der nordischen Großmacht Schweden und dem russischen Zarenreich, zurück. Immer im Mittelpunkt der Geschichte: die Region Karelien. Ein Teil Kareliens gehört heute zu Finnland, ein anderer zu Russland.

DIE KÖCHIN: LIISA OLEJNICZAK

Liisa Olejniczak bereitet ein Gericht zu, das von karelischen Finnen aus dem russischen Teil mitgebracht wurde und heute im ganzen Land gerne gegessen wird: **Karjalanpiirakka**. Liisa erzählt, dass die mit Milchreis gefüllten Teigtaschen in Finnland so alltäglich und beliebt sind, wie bei uns die Brötchen. Sie sind schmackhaft und enthalten reichlich Milch und Butter, was dem finnischen Geschmack entgegenkommt. Liisa führt das darauf zurück, dass Milch früher, während der langen, strengen Winter, oft das einzige heimische Produkt war, das frisch auf den Tisch kam.

Liisas Geheimtipp, damit's gelingt:
„Fingerfertigkeit beim Bearbeiten vom dünnen Teig zu einer Pirogge."

HYVÄÄ RUOKAHALUA!

KARJALANPIIRAKKA

• KARELISCHE PIROGGEN •

10 Personen

60 Min. Zubereitung

Piroggen genießt man zu jeder Tageszeit. Sie werden als Fingerfood gegessen und brauchen keine Beilagen. Einige bereiten dazu noch Eibutter zu (kleingehacktes Ei mit Butter gemischt) und bestreichen ihre Piroggen damit.

ZUTATEN

Für den Teig:

300 ml Roggenmehl
100 ml Weizenmehl
3/4 TL Salz
1 EL Speiseöl
(Raps- oder Sonnenblumenöl)

Für die Füllung:

750 ml Milch
200 g Rundkornreis
1 Prise Salz
1 Ei

Zum Bepinseln:

100 g Butter
Wasser
1 Prise Salz

Nach Belieben:

1 hartgekochtes Ei
100g weiche Butter

ZUBEREITUNG

Für die Zubereitung der Füllung 200 ml Wasser aufkochen, den Reis zugeben und rühren, bis das Wasser aufgesogen ist. Milch hinzufügen und unter Rühren erneut zum Kochen bringen. Bei niedriger Hitze ca. 30 Minuten quellen lassen – hin und wieder umrühren. Zum Schluss Salz hinzufügen und gut vermengen. Milchreis abkühlen lassen, danach 1 Ei untermischen.

Mehl, 150 ml Wasser, Speiseöl und Salz zu einem festen Teig mischen und auf einer bemehlten Fläche mit einem Nudelholz 1 cm dick ausrollen. Runde Teigfladen mit einem Trinkglas ausstechen. Etwas Mehl zwischen die einzelnen Fladen streuen, dann diese stapeln und abdecken, damit sie nicht austrocknen. Anschließend die einzelnen Fladen zu einer ovalen Form sehr dünn ausrollen.

Etwas Milchreis jeweils mittig auf einen Teigfladen füllen, die Ränder umklappen. Die Fladen zu ovalen, bootähnlichen Piroggen falten und auf einem mit Backpapier ausgelegtem Backblech verteilen. Wenn alle Piroggen gefüllt und gefaltet sind, werden sie 15–20 Minuten bei 250 Grad Ober-/Unterhitze gebacken.

Die noch mehligen Piroggen sind fertig, wenn sie leicht gebräunt sind und der Teig knusprig ist. Danach mit einer Mischung aus geschmolzener Butter, einem Schuss Wasser und 1 Prise Salz bepinseln. Nach Belieben mit Eibutter aus einem hartgekochten Ei und 100 g weicher Butter bestreichen.

Zum Kochvideo

FRANKREICH

• DIE KUNST DES SAVOIR-VIVRE •

Gutes Essen gehört in Frankreich zum Lebensgenuss, dem Savoir-vivre. Die Kunst, das Leben zu genießen, ist auch der Grund, warum die französische Küche längst zum immateriellen Kulturerbe der UNESCO erklärt wurde. Die Einheit zwischen Speisen und Weinen, die Ästhetik der Tafel und nicht zuletzt der kommunikative Aspekt – all das zeichnet den „goût de France" aus.

Marie-Catherine und **Michael Meyer** verstehen es, die französische und die rheinische Art miteinander zu verbinden. Das französisch-deutsche Paar vereint die Liebe zum Genießen. Michael kocht gerne, Marie-Catherine steuert die originalen Rezepte ihrer Großmutter bei, auch jenes für das **Boeuf bourguignon**. Das Rezept verrät etwas typisch Französisches – die Vorliebe für die Verwendung authentischer und lokaler Produkte, hier des Piment d'Espelette. Dieses Gewürz stammt aus dem kleinen Ort Espelette in den Pyrenäen. Es ist nicht so scharf wie Chili, eher fruchtig-scharf mit leicht rauchiger Note, und exzellent für Schmorgerichte.

DAS KOCHTEAM: MARIE-CATHERINE & MICHAEL MEYER

Marie-Catherines & Michaels Geheimtipp, damit's gelingt:

„Verwenden Sie bei der Zubereitung unbedingt Piment d'Espelette – ein Gewürz aus dem französischen Baskenland. Dieser Chili-Pfeffer ist zwar etwas teurer, weil die Region und die Herstellungsweise von der EU geschützt sind, aber es lohnt sich!"

BON APPÉTIT!

BOEUF BOURGUIGNON

• RINDFLEISCH BURGUNDER ART •

6
Personen

60 Min.
+ 2,5 Std.
Garzeit

Früher war das Boeuf bourguignon die Sonntagsspeise vieler französischer Familien. Das Fleischgericht stammt aus dem französischen Burgund und kann mit einer langen Tradition aufwarten. Der Name Boeuf bourguignon geht auf die beiden Hauptzutaten zurück: Rindfleisch und Burgunderwein.

ZUTATEN

- 1,5 kg mageres Rindfleisch
- 150 g Speck, gewürfelt
- 300 g rote Zwiebeln oder Schalotten
- 1 EL Mehl
- 2 EL Cognac (alternativ Weinbrand oder Marc de Bourgogne)
- 0,7 Liter Rotwein (Burgunder oder Merlot)
- 250 ml Fleischbrühe
- 400 g kleine Champignons
- 1 – 2 Lorbeerblätter
- Tomatenmark
- 2 EL Kräuter der Provence oder frischer Thymian
- 1 Zweig Rosmarin
- 1 Handvoll Basilikum
- 3 – 5 Knoblauchzehen
- 1 Bouquet garni (4 Möhren, 1/4 Sellerie, 1 Stange Porree)
- Piment d'Espelette (baskischer Chili-Pfeffer)
- 1 Spritzer Zitronensaft
- 1 TL Zucker
- Stärkemehl / Saucenbinder
- Salz & schwarzer Pfeffer

ZUBEREITUNG

Fleisch in mittelgroße Würfel schneiden. Den Speck im Topf anbraten, dann die Zwiebeln oder Schalotten dazugeben und alles zusammen 10 Minuten schmoren lassen. Mit einem Schöpflöffel herausheben. Anschließend Fleischwürfel von allen Seiten im Zwiebel-Speck-Öl bei großer Hitze anbraten, bis der Fleischsaft vollständig verkocht ist. Mit 1 EL Mehl bestäuben und umrühren. Mit 2 EL Cognac ablöschen. Den Rotwein und die Fleischbrühe zum weiteren Ablöschen zugeben.

Dann den Zwiebel-Speck-Mix, die ganzen Champignons, Salz, Lorbeerblätter, Tomatenmark, Kräuter der Provence oder Thymian, den Rosmarinzweig, das Basilikum und die zerdrückten Knoblauchzehen dazugeben. Kurz aufkochen und dann zugedeckt auf kleiner Flamme rund 1,5 Stunden schmoren lassen.

Das Bouquet garni klein schneiden und hinzufügen. Wasser und Wein nachgießen und weitere 1 – 1,5 Stunden schmoren lassen. Zum Schluss mit Wein, schwarzem Pfeffer, Salz, Piment d'Espelette, Zucker, Zitrone und Cognac abschmecken.

Das Fleisch herausnehmen und die Sauce mit einem Mixstab pürieren. Stärkemehl oder dunklen Saucenbinder zum Abbinden einrühren. Mit Kartoffelpüree und einer Gemüsebeilage servieren.

Zum Kochvideo

GRIECHENLAND

• MEDITERRANE GENUSSWELT •

Das kulinarische Griechenland ist eng mit dem Begriff „Philoxenia" verbunden. Das Wort bedeutet Liebe zum Fremden – oder auch: Gastfreundschaft. Bereits seit der Antike gehört das Anbieten von Speisen und Getränken zur griechischen Willkommenskultur.

Das Land ist bekannt für seine mediterrane Küche mit reichhaltigem Gemüse, Fisch und Meeresfrüchten. Zu einem typisch griechischen Gericht gehören auch immer ein gutes Olivenöl und der berühmte Fetakäse.

Michalis Patentalis kocht gerne gemeinsam mit seiner Tochter **Luna**. Für ihn muss ein Gericht nicht viele Zutaten enthalten und die Zubereitung nicht lange dauern, um gut zu sein. Das klassische und beliebte **„Saganaki"**, Garnelen in Tomatensauce, ist eines dieser Gerichte und erinnert ihn stets an seine Kindheit. „Nach der Weintraubenernte hat mein Opa schnell dieses Garnelen-Gericht gezaubert. Es war ein kulinarisches Fest."

DAS KOCHTEAM: MICHALIS & LUNA PATENTALIS

Michalis' Geheimtipp, damit's gelingt:
„Vorher schon ein Glas Weißwein trinken und sich beim Kochen viel unterhalten."

KALÍ ÓREXI!

SAGANAKI

• GARNELEN IN TOMATENSAUCE •

4
Personen

45 Min.
Zubereitung

Das Gericht genießt man gerne im Spätsommer mit frischem Weißbrot und kleinen Beilagen wie Roter Bete oder mit Reis gefüllten Weinblättern.

ZUTATEN

- 1 EL Olivenöl
- 1 – 2 fein gehackte Zwiebeln
- 2 fein gehackte Knoblauchzehen
- 2 Dosen gehackte Tomaten
- 600 g geschälte Garnelen
- 200 ml Weißwein
- eine Handvoll Petersilie (gehackt)
- 100 g Fetakäse
- 1 EL frischer gehackter Dill
- Salz & Pfeffer

ZUBEREITUNG

Den Backofen auf 200 Grad Ober- / Unterhitze vorheizen. Öl in einer großen beschichteten Pfanne bei mittlerer bis hoher Temperatur erhitzen. Zwiebeln hinzufügen und 3 – 5 Minuten dünsten, bis sie weich und glasig sind. Knoblauch hinzufügen und für eine weitere Minute braten.

Die gehackten Tomaten hinzugeben und alles zum Kochen bringen. Temperatur reduzieren und das Ganze 5 – 10 Minuten köcheln lassen, bis die Sauce leicht andickt.

Die Garnelen in einer zweiten Pfanne anbraten und mit Salz und Pfeffer würzen. Den Weißwein hinzufügen und leicht köcheln lassen.

Petersilie und Garnelen in die Tomatensauce geben. Alles miteinander verrühren und dann in ein Tongefäß oder eine Auflaufform geben.

Anschließend den Feta zerbröseln und über das Gericht streuen. Das Saganaki 10 – 12 Minuten im Ofen backen. Danach mit Dill bestreuen und mit großen, gerösteten Brotstücken servieren. Dazu Wassermelonensalat reichen.

Zum Kochvideo

IRLAND

• ES GRÜNT SO GRÜN •

Irland – die grüne Insel. Unendlich weite, sattgrüne Wiesen wechseln sich ab mit schroffen Felsformationen, die tief ins Meer ragen. Das Grün leuchtet ganzjährig in vielen Schattierungen. Irland kennt keine Jahreszeiten im mitteleuropäischen Sinne: Die Winter sind mild, die Sommer auch. Eine wilde Schönheit.

Die Invasionen fremder Völker haben Irlands Geschichte maßgeblich geprägt: Kelten, Schotten, Normannen, Spanier und nicht zuletzt die Briten besiedelten die Insel im Laufe der Zeit. Doch nichts konnte den irischen Willen nach Unabhängigkeit unterdrücken, auch nicht, als das Volk Hungersnöte erlitt. Essen wurde überlebenswichtig und so entstand die nahrhafte irische Küche mit Gerichten, die heute weltberühmt sind: Irish Stew und Sheperd's Pie. Hierzu gehört auch das **Beef & Guinness Pie**, das **Mick** mit dazu gereichtem Soda Bread zubereitet. Micks dunkles Geheimnis ist das Guinness-Bier – im und zum Gericht. Das schmeckt nicht nur gut, sondern sorgt auch für die Wärme von innen.

DER KOCH: MICHAEL „MICK" BONNER

Micks Geheimtipp, damit's gelingt:
„Ein Guinness für die Pfanne –
ein Guinness für den Chef!"

ENJOY YOUR MEAL!

BEEF & GUINNESS PIE

• IRISCHE RINDFLEISCHPASTETE •

4
Personen

2 – 3 Std.
Zubereitung

Die gehaltvolle Pastete passt besonders gut in die Winterzeit. Gern wird als Beilage Soda Bread gereicht – ein Klassiker aus irischen Bäckereien. Für das schnell zubereitete Brot wird als Treibmittel Natron anstelle traditioneller Hefe verwendet.

ZUTATEN

Beef & Guinness Pie:

900 g Rindergulasch
2 große Zwiebeln
4 Möhren
15 Champignons
2 Stangen Porree
1 EL Thymian
300 ml Rinderbrühe
330 ml Guinness (dunkles Bier)
Salz & Pfeffer
2 Rollen Blätterteig

Soda Bread:

200 g Weizenmehl
200 g Vollkornmehl
100 g Haferflocken
1 TL Salz
1 TL Speisenatron
500 ml Buttermilch

ZUBEREITUNG

Den Backofen auf 220 Grad Ober-/Unterhitze vorheizen. Das Fleisch würzen und unter regelmäßigem Rühren in einer Pfanne anbraten. Wenn das Fleisch durchgebraten ist, dieses mit einem Löffel herausnehmen. Zwiebeln, Möhren, Champignons und Porree klein schneiden. Das geschnittene Gemüse in die Pfanne mit dem Fleischsud geben und anbraten. Mit Thymian, Salz und Pfeffer würzen. Anschließend die Rinderbrühe zugießen und danach das Fleisch wieder zurück in die Pfanne geben. Das Guinness-Bier in die Pfanne gießen und warten, bis es aufkocht.

Als Nächstes den gesamten Inhalt der Pfanne in einen großen Topf umfüllen und alles für 2 Stunden im vorgeheizten Ofen garen.

Für das Soda Bread alle Zutaten miteinander vermischen und den klebrigen Teig zu einem Fladen formen. Diesen dann auf einem mit Backpapier ausgelegten Backblech für 45 Minuten zusammen mit dem Pie im Ofen backen.

Nach 2 Stunden, wenn das Fleisch zart ist, den Topf aus dem Ofen nehmen. Eine Kastenform mit einer Blätterteigrolle auslegen und die zubereitete Fleisch-Gemüse-Mischung hineinfüllen. Die Form mit einer weiteren Rolle Blätterteig zudecken. Im Backofen 20 – 30 Minuten goldgelb backen.

Zum Kochvideo

ITALIEN

• EINE LIEBESERKLÄRUNG •

In Italien liebt man gutes Essen. La dolce vita, das süße Leben – das ist der genussreiche italienische Lebensstil. **Claudia Oddo** ist Sizilianerin, Opernsängerin und leidenschaftliche Köchin. Für sie ist Italien mit seiner Kultur, seiner Landschaft und seiner Küche in den Worten des Liedes „Tu mia terra" – „Du mein Land" – zu entdecken:

Du, Ort der Liebe
Du, Ort der Hoffnung
Du, Seele meiner Kindheit
Du, Freiheit meiner Gedanken

Du mein Land, Du fehlst mir,
nach Dir sehne ich mich.
Du mein Land, Du fehlst mir,
zu Dir kehre ich eines Tages zurück.

DIE KÖCHIN: CLAUDIA ODDO

Du, Land meiner Träume
Du, Land meiner Großeltern
Du, Land der Olivenbäume
Du, Duft meines Meeres

Du mein Land, Du fehlst mir,
nach Dir sehne ich mich.
Du mein Land, Du fehlst mir,
zu Dir kehre ich eines Tages zurück.

Claudias Geheimtipp, damit's gelingt:
„Der Fisch sollte frisch sein, nicht tiefgekühlt."

BUON APPETITO!

ORATA AL CARTOCCIO

• DORADE IN SILBERPAPIER •

4 Personen

45 Min. Zubereitung

In Italien wird an Heiligabend traditionell Fisch gegessen. Auch an Karfreitag wird aus religiösen Gründen gerne auf Fleisch verzichtet. Doch nicht nur an Feiertagen kommt der Fisch auf den Tisch – in Italien gehört er zum kulinarischen Alltag, gerne in Begleitung von gegrilltem Gemüse und frischer Ciabatta.

ZUTATEN

800 g Doraden (ca. 4 x 200 g ausgenommen)
2 Zitronen, unbehandelt
4 Knoblauchzehen
frischer Thymian
frischer Rosmarin
Olivenöl (Extra Vergine)
Chili (Peperoncino) nach Geschmack
Salz & Pfeffer

ZUBEREITUNG

Am besten schon vom Fischhändler die Flossen abschneiden und die Doraden reinigen (entschuppen) und ausnehmen lassen.

Den Backofen auf 180 Grad Umluft vorheizen. Die Doraden unter fließendem Wasser innen und außen waschen. Die Haut sollte glatt und schuppenfrei sein. Danach trocken tupfen. Für jede Dorade ein großes rechteckiges Blatt Alufolie zuschneiden. Die Fische jeweils einzeln auf die Alufolie und dann auf ein mit Backpapier bedecktes Backblech legen.

Die Zitronen waschen, trocknen und in Scheiben schneiden. Dann den Fisch von innen mit etwas Salz und Pfeffer würzen und mit einer ganzen Knoblauchzehe, frischen Thymianzweigen und Rosmarinblättern sowie einer halben Zitronenscheibe befüllen. Je nach Geschmack kann auch ein Stück Chili hinzugefügt werden. Die Außenseiten der Doraden mit etwas Öl bepinseln und mit Pfeffer und Salz bestreuen (nach Geschmack Thymian und Zitrone auf den Fisch legen). Die Alufolie zu einem Bonbon verschließen.

Den Fisch 30 Minuten im vorgeheizten Ofen garen. Dann die Doraden herausnehmen und vor dem Servieren etwas auskühlen lassen. Je nach Größe der Dorade kann die Garzeit variieren. Mit einer Gabel kann geprüft werden, ob das Fleisch eine satte weiße Farbe angenommen hat. Dann sind die Doraden gar. Dazu frisches Brot, Kartoffeln oder Grillgemüse reichen.

Zum Kochvideo

Pascale Willems bei der Zubereitung der Pommes frites. (oben) | Peter Cauchi präsentiert seine Ofen-Pasta mit Hackfleisch. (u. l.) | Johanna Baumgartner wahrt die österreichischen Mehlspeisen-Traditionen. (u. r.) | Michael Bonner kocht sein Pie stilecht mit Guinness. (rechte Seite)

KROATIEN

• IN HÜLLE UND FÜLLE •

Schon der Blick auf die Landkarte lässt ahnen, dass Kroatien eine kulturelle Schnittstelle vieler verschiedener Welten ist. Während das Land im Westen mit über tausend Inseln gleichsam in die Adria diffundiert, bildet es im Norden den Übergang von Mitteleuropa zum Balkan, grenzt im Osten an die Binnenstaaten Ungarn und Serbien, an Bosnien und Herzegowina und mit dem südlichsten abgetrennten Landesteil, Dubrovnik-Neretva, an Montenegro. Da kommt einiges zusammen, nicht zuletzt kulinarisch.

Entsprechend kochen **Andja** und **Jozo Miletic** ein Rezept, das viele Varianten hat: **Punjena paprika** – gefüllte Paprika. Dieses Gericht verbreitete sich von Ungarn aus in ganz Südosteuropa und weiter in die Welt.

DAS KOCHTEAM: ANDJA & JOZO MILETIC

Die Paprika legt es nahe: Ihr Hohlkörper bietet sich zum Befüllen an und erweckt somit kulinarische Kreativität, je nach regionalen Zutaten und Geschmäckern. Andja und Jozo schmoren und backen die in ihrer Familie typische Variante, Punjena paprika mit Hackfleischfüllung.

Andjas & Jozos Geheimtipp, damit's gelingt: *„Nach Möglichkeit die kroatische Gewürzmischung mit Gemüse (Vegeta natural) und gutes Tomatenmark verwenden.“*

DOBAR TEK!

PUNJENA PAPRIKA

• GEFÜLLTE PAPRIKASCHOTEN •

4 Personen

60 Min. Zubereitung

Gefüllte Paprikaschoten sind ein traditionelles kroatisches Gericht. Es lässt sich gut für Gäste zubereiten, auch für besondere Feierlichkeiten.

ZUTATEN

- 6 Paprikaschoten (Farben beliebig)
- 1 Zwiebel
- 1 – 1,5 kg frisches gemischtes Hackfleisch (Menge variiert je nach Paprikagröße)
- 1/2 – 1 Tasse Reis
- 5 EL Öl
- 2 Kartoffeln
- 2 Möhren
- 4 EL Mehl
- 5 EL Tomatenmark
- Vegeta natural (kroatische Gewürzmischung)
- Paprika edelsüß
- Salz & Pfeffer

ZUBEREITUNG

Den Backofen auf 200 Grad Ober-/Unterhitze vorheizen. Paprikaschoten waschen und den oberen Deckel mit Stiel abschneiden. Paprika innen vom Kerngehäuse befreien, eine Zwiebel schälen und klein würfeln. Mit Hackfleisch, dem ungekochten Reis, Salz, Pfeffer, 2 TL Paprikapulver und 2 TL Vegeta mischen. In einer größeren Pfanne 2 EL Öl erhitzen. Die Fleisch-Reis-Mischung rund 5 Minuten anbraten.

Die Mischung aus der Pfanne nehmen, die Paprikaschoten damit befüllen (nicht bis zum Rand, da der Reis noch quillt) und aufrecht in eine ofenfeste Form stellen. Kartoffeln und Möhren in kleine Stücke schneiden und zwischen den gefüllten Schoten verteilen.

Etwa 200 ml Wasser angießen, sodass Kartoffeln und Möhren mit der Flüssigkeit bedeckt sind. Im Backofen auf der unteren Schiene etwa eine Stunde garen. Zwischendurch etwas Wasser nachgießen.

Für die Tomatensoße: Das restliche Öl in einer Pfanne erhitzen, das Mehl dazugeben und etwas anrösten. Mit 150 – 200 ml Wasser ablöschen, das Tomatenmark hinzufügen, und das Ganze aufkochen lassen. Zum Schluss die Tomatensoße über das fertige Gericht geben und vorsichtig umrühren.

Zum Kochvideo

LETTLAND

• DIE FANTASTISCHEN FÜNF •

Lettland ist das mittlere der baltischen Länder. Die bewaldete Landschaft mit Seen und langen Ostseestränden ist von den Gletschern der Eiszeit geformt. Lange Mittsommernächte und kurze Wintertage – das ist der Norden. Die Hauptstadt Riga, eine alte Hansestadt, ist ein architektonisches Zeugnis der bewegten Geschichte an der Schnittstelle Mitteleuropas, des Nordens und Russlands.

Maija Löffelbein bereitet „**Siļķe Kažokā**" – „Hering im Pelz" – zu. Der Salat besteht aus den zentralen landestypischen Zutaten: Hering, Kartoffeln, Rote Bete, saure Sahne und Dill. Jede für sich ist ein Gaumenschmaus – gemeinsam sind sie unschlagbar. Maijas Favorit ist der Dill. Geruch und Geschmack des Krautes sind für sie mehr als eine sinnliche Wahrnehmung. Sie sind auch eine Erinnerung an Lettland.

DIE KÖCHIN: MAIJA LÖFFELBEIN

Maijas Geheimtipp, damit's gelingt:
„Den Hering erst probieren – wenn er sehr salzig ist, muss man fast kein Salz mehr dazugeben. Die Rote Bete muss man mit der Schale ungefähr 45 Minuten kochen (man kann aber auch schon gekochte und geschälte kaufen). Ich verrühre die Rote Bete dann immer mit einem Schuss Zitronensaft, um den Geschmack auszubalancieren."

LABU APETĪTI!

SIĻĶE KAŽOKĀ

• HERING IM PELZ •

4
Personen

30 Min.
+ 2–3 Std.
ziehen lassen

„Hering im Pelz“ wird gerne als Vorspeise zu einem Festessen oder als Hauptgericht zum Abendessen gereicht. Am besten schmeckt der Schichtsalat, wenn er am Vortag zubereitet wurde.

ZUTATEN

3 gekochte Kartoffeln
3 Knollen gekochte Rote Bete
2 gekochte Möhren
200 g gesalzener Hering
1 Zwiebel
oder 1 Bund
Frühlingszwiebeln
Dill
3 hart gekochte Eier
200 g Mayonnaise
200 g saure Sahne
Saft von 1/2 Zitrone
Salz & Pfeffer

ZUBEREITUNG

Kartoffeln, Rote Bete und Möhren schälen und grob reiben. Hering in Streifen schneiden. Zwiebeln und Dill fein hacken (ein wenig Dill zum Dekorieren übrig lassen).

Eier klein schneiden (zum Dekorieren kann man Eiweiß und Eigelb separat schneiden). Für die Marinade Mayonnaise mit saurer Sahne und Zitronensaft mischen.

Alles in einer Schale mit flachem Boden schichten – erst die Hälfte der Kartoffeln, dann Möhren, Hering, Zwiebel, Dill, wieder Kartoffeln, Rote Bete, Eier. Jede Schicht mit ein bisschen Marinade übergießen. Nach Bedarf salzen und pfeffern.

Dekorieren kann man zum Beispiel mit in Streifen geschnittenem Eiweiß oder Eigelb sowie mit Dill. Den Schichtsalat ein paar Stunden im Kühlschrank ziehen lassen.

Zum Kochvideo

LITAUEN

• DER SOMMERHIT •

Litauen ist der südlichste der drei baltischen Staaten. Das Land grenzt im Norden an Lettland, im Südosten an Belarus und im Westen an die russische Exklave Kaliningrad und an Polen, mit dem es auch historisch viel verbindet. Polen und Litauen bildeten über Jahrhunderte einen gemeinsamen Staat, der zu Zeiten seiner größten Ausdehnung von der Ostsee bis fast ans Schwarze Meer reichte.

Litauens Küche hat viel mit der seiner Nachbarländer gemeinsam und ist trotzdem eigenständig. **Agne Thomas** bereitet **Šaltibarščiai** zu. Das ist kalter Borschtsch mit Bratkartoffeln. Ein erfrischendes und leckeres vegetarisches Sommergericht, das in der warmen Jahreszeit auf keiner Speisekarte fehlen darf und für das es in vielen Haushalten eigene Varianten gibt. Die Zutaten sind für die osteuropäische Küche typisch: Rote Bete, Salatgurke und Buttermilch oder Kefir. Die Bratkartoffeln kommen als Beilage. Das Gericht ist sozusagen „kinderleicht" zuzubereiten, und Agne, die es seit Kindesbeinen gerne für die Familie kocht, denkt dabei immer zurück an die litauischen Sommer.

Agnes Geheimtipp, damit's gelingt:

„Wenn es schnell gehen muss, kann auch eingelegte Rote Bete verwendet werden. Für das beste Ergebnis gehören aber unbedingt frische Knollen in die Suppe!"

SKANAUS!

LITAUEN

ŠALTIBARŠČIAI

• KALTER BORSCHTSCH •

4
Personen

20 Min.
+ 30 Min.
Garzeit

Besonders gern wird die kühle Rote-Bete-Suppe in der warmen Jahreszeit gegessen, dann wirkt sie herrlich erfrischend. Die leichte Suppe gilt in Litauen als „Katerkiller", weshalb sie auch mal zum Frühstück serviert wird.

ZUTATEN

Für den Borschtsch:
400 g Rote Bete, gekocht
2 / 3 Schlangengurke
1 Handvoll Dill
1 Handvoll Schnittlauch
1 TL Salz
500 ml Kefir (oder Buttermilch)
1 TL Essigessenz
3 Eier

Für die Bratkartoffeln:
1 kg Kartoffeln
Pflanzenöl
Salz

ZUBEREITUNG

Die Rote Bete pellen und zusammen mit der Gurke mit einer feinen Gemüsereibe in eine Schüssel reiben. (Beim Schälen und Schneiden der Bete verfärben sich die Hände stark rosa – wer das vermeiden möchte, trägt Handschuhe.) Anschließend den gewaschenen Dill und den Schnittlauch klein schneiden und hinzufügen. Salz, Kefir und 100 – 150 ml Wasser dazugeben, und das Ganze gut miteinander vermengen. Die Essigessenz hineingeben und abschmecken, eventuell nachsalzen oder einige Tropfen Essigessenz ergänzen.

Die Eier kochen, achteln und unter die kalte Suppe mischen. Ein paar Eierscheiben für die Deko zur Seite legen. Den kalten Borschtsch in den Kühlschrank stellen, bis er serviert wird.

Für die Zubereitung der Bratkartoffeln zunächst die Kartoffeln schälen und in Scheiben schneiden, 20 – 30 Minuten in Pflanzenöl goldbraun braten. Zwischendurch in der Pfanne wenden und salzen.

Den kalten Borschtsch beliebig mit Eiern, Schnittlauch und Dill dekorieren und mit den heißen Bratkartoffeln servieren.

Zum Kochvideo

LUXEMBURG

• KLEIN, ABER OHO •

Luxemburg heißt auf luxemburgisch Lëtzebuerg – „kleine Burg". Dabei ist die namensgebende Burg mittlerweile eine riesige historische Festung in der Hauptstadt. Dafür ist das Land klein und wartet trotzdem mit großen Überraschungen auf, mit großer Kochkunst zum Beispiel. Kein Wunder, denn das Land im westlichen Mitteleuropa grenzt an drei größere Nachbarn, deren Sprachen und natürlich auch deren Küchen es auf selbstverständlichste Weise kombiniert und vereint.

Germaine Richter-Klees und ihr Mann **Peter Richter** sind schon als Paar eine europäische Mischung. Germaine stammt aus Luxemburg, Peter aus den Niederlanden. Gemeinsam kochen sie ein luxemburgisches Nationalgericht, das auch in Belgien und im Rheinland Tradition hat: „**Lëtzebuerger Mullen**" oder Miesmuscheln Luxemburger Art.

DAS KOCHTEAM: GERMAINE & PETER

Muscheln, nicht wie in Belgien unabdingbar kombiniert mit Pommes frites, sondern mit Baguette und – anders als im Rheinland – mit Sahne in der Sauce. Luxemburgisch eben.

Germaines & Peters Geheimtipp, damit's gelingt: *„Den Küchenwein nicht vergessen."*

GUDDEN APPETIT!

LËTZEBUERGER MULLEN

• MIESMUSCHELN LUXEMBURGER ART •

3
Personen

40 Min.
Zubereitung

Die Lëtzebuerger Mullen werden typischerweise im Winter zur Muschelzeit gegessen. Als passende Beilage reicht man zu den Muscheln einfach Baguette. Das Gericht ist bestens geeignet für einen gemütlichen Weinabend zu Hause mit Freunden.

ZUTATEN

3 kg Miesmuscheln
1 Zwiebel
4 Knoblauchzehen
500 g Suppengemüse
50 g Butter
1 Flasche Riesling
200 ml Sahne
1 klitzekleine Prise Chilipulver
nach Belieben fein gehackte Petersilie
Salz & Pfeffer

ZUBEREITUNG

Muscheln ins kalte Wasser legen, die beschädigten aussortieren. 10 Minuten stehen lassen, damit sie sauber werden, und zwei- bis dreimal das Wasser wechseln, damit die Muscheln nicht mehr sandig sind. Die Muscheln einzeln herausnehmen. Den „Bart", den einige Muscheln haben, abschneiden.

In der Zwischenzeit die Zwiebel, den Knoblauch und das Gemüse putzen und klein schneiden. Die Zwiebel in der Butter glasig dünsten, das Gemüse hinzufügen. 250 ml Weißwein auf das Gemüse gießen und 15 Minuten weich dünsten. Den kleingeschnittenen Knoblauch hinzufügen. Mit Salz, Pfeffer und Chilipulver würzen. Den Herd auf die höchste Stufe stellen, die Muscheln zum kochenden Gemüse geben und den Rest des Weines dazugießen. Den Topfdeckel fest verschließen.

Den Topf alle 2 Minuten kräftig rotieren, damit die unteren Muscheln nach oben wandern, oder gründlich mit einem großen Holzlöffel umrühren.

Nach ca. 10 Minuten sind die Muscheln offen. Die Sahne dazugießen und das Ganze noch einmal 2 Minuten kochen lassen. Die Muscheln, die jetzt noch geschlossen sind, bitte wegwerfen. Nach Belieben fein gehackte Petersilie darüberstreuen und die Muscheln portionsweise in Suppentellern servieren.

Zum Kochvideo

MALTA

• AM SCHNITTPUNKT ZWEIER WELTEN •

Malta – eine Inselgruppe, weniger Einwohner als Düsseldorf und trotzdem eines der am dichtesten besiedelten Länder der Erde. Malta ist ein kultureller Knotenpunkt, eine Brücke zwischen Orient und Okzident.

Die verschiedenen kulturellen Einflüsse haben auch vor der maltesischen Küche nicht haltgemacht. **„Imqarrun il-forn“**, das **Peter Cauchi** zubereitet, trägt die Vielfalt der maltesischen Kultur und Küche schon im Namen: das arabisch klingende „imqarrun“ für Makkaroni und das italienische „forno“ für den Ofen. Diese maltesischen Makkaroni mit Käse werden gerne an Sonntagen im Kreis der Familie gegessen.

Das Beste für kleine und große Nascher, verrät Peter, sind die braun und knusprig gebackenen Nudeln an der Oberfläche, die er früher immer gerne herauspickte, bevor das Imqarrun il-forn serviert wurde. Sehr zum Leidwesen der Köche, die das angeknabberte Gericht auftischen mussten. Zum Glück aber gilt: Geschmack vor Augenschmaus.

DER KOCH: PETER CAUCHI

Peters Geheimtipp, damit's gelingt:
„Nicht vergessen – ein gutes Glas Wein schon beim Kochen trinken.“

L-IKLA T-TAJBA!

IMQARRUN IL-FORN

• OFEN-PASTA MIT HACKFLEISCH •

4 Personen

60 Min. Zubereitung

Imqarrun il-forn wird im Winter wie im Sommer gern gegessen, denn es schmeckt warm wie kalt hervorragend. Sonntags trifft man sich in Malta üblicherweise zu gemeinsamen Familienmahlzeiten – dann wird das Gericht häufig als Vorspeise serviert.

ZUTATEN

- 500 g Penne (oder andere Pasta)
- 1 Zwiebel
- 1–2 Knoblauchzehen
- 500 g Rindergehacktes oder je nach Vorliebe halb Rind, halb Schwein
- 750 ml passierte Tomaten
- 150 g geriebener Parmesan
- 6 Eier
- Olivenöl
- Salz & Pfeffer

ZUBEREITUNG

Nudeln in Salzwasser al dente kochen. Den Backofen auf 180 Grad Ober-/Unterhitze vorheizen. Die Zwiebel sehr fein hacken und im Olivenöl glasig schwitzen. Das Hackfleisch und den fein gehackten Knoblauch hinzufügen und krümelig anbraten. Salzen und pfeffern. Mit den passierten Tomaten ablöschen und das Ganze etwa 10 Minuten köcheln lassen. Dann den geriebenen Parmesan hinzugeben.

Anschließend die Sauce zur Pasta in den Topf schütten, alles ordentlich vermengen und in eine hohe Auflaufform geben. Die Eier verquirlen, mit Salz und Pfeffer würzen und gleichmäßig über die Pasta mit der Fleischsauce verteilen.

Den Auflauf im Backofen 45–60 Minuten garen, bis seine Oberfläche goldbraun ist.

Zum Kochvideo

NIEDERLANDE

• KOHLDAMPF •

Die niederländische Küche hat mehr zu bieten als Frikandel, Kibbeling und Frietjes Speciaal. Sie zeichnet sich durch hochwertige lokale Produkte aus. Und auch Einflüsse aus Surinam, Indonesien und der Karibik prägen die niederländische Esskultur, weil das Land dort lange Zeit Kolonien hatte. Die niederländische Küche verwendet traditionell in vielen Speisen Gemüse, Milch, Butter, Käse, Fleisch und Fisch. Je nach Region gibt es oftmals Überschneidungen mit den Küchen der Nachbarn wie beispielsweise mit der ostfriesischen, flämischen oder rheinischen Küche.

So auch in dem hier von **Dan Roukens** präsentierten Rezept **„Boerenkool met worst“** oder Grünkohl mit Wurst. Die Niederländer kochen das klassische Wintergericht mindestens ebenso gerne wie ihre deutschen Nachbarn. Einzig allein die dazu gereichte Rookworst – geräucherte Wurst – ist etwas feiner als die in Deutschland klassisch zum Gericht servierte Mettwurst. Für Dan steht zumindest fest: Nachhaltig kochen heißt für ihn, aus der Region stammende saisonale Produkte zu verwenden. Der Grünkohl wird in den Niederlanden, wie auch in Deutschland, im Herbst bis Winter geerntet und stellt zu dieser Jahreszeit ein beliebtes, typisches Gericht dar.

DER KOCH: DAN ROUKENS

Dans Geheimtipp, damit's gelingt:
„Den Boerenkool am Tag zuvor zubereiten, dann können sich die Aromen besser entfalten.“

EET SMAKELIJK!

NIEDERLANDE

BOERENKOOL MET WORST & VANILLE-VLA

• GRÜNKOHL MIT WURST & VANILLE-VLA •

Am besten ist der Grünkohl, wenn er frisch vom Feld kommt. Vanille-Vla isst man auch zwischendurch, nicht nur als Nachspeise. Beim Kochen am besten mit dem Dessert anfangen, damit es vor dem Servieren abkühlen kann.

4 Personen

45 Min. Zubereitung

ZUTATEN

Für den Vanille-Vla:

1 Vanilleschote

1 Liter Milch (3,5 % Fett)

3 Eier

50 g Zucker

25 g Speisestärke

Für den Grünkohl:

2 kg mehligkochende Kartoffeln

900 g frischer Boerenkool (Grünkohl)

100 ml Milch

65 g Butter

2 Rookworsten (geräucherte Würste)

Senf (gerne scharf)

Salz & Pfeffer

ZUBEREITUNG

Vanille-Vla: Vanilleschote halbieren und das Mark auskratzen. Schale und Mark ca. 1 Minute in der Milch leicht aufkochen lassen. Vorher von der Milch 5 EL zur Seite stellen. Milch vom Herd nehmen und 15 Minuten ziehen lassen. Danach die Milch durch ein Sieb abseihen, um die schwarzen Vanillekerne und Vanilleschoten zu entfernen. Die Eier mit dem Zucker schaumig schlagen. Die Stärke in die 5 EL Milch einrühren und dann zu der Ei-Zucker-Mischung geben. Die heiße Vanille-Milch portionsweise, unter ständigem Rühren, dazugeben. Alles kurz aufkochen lassen. Nach ca. 1 Minute beginnt die Masse anzudicken. Topf vom Herd nehmen und noch etwas weiterrühren. Danach den Topf in Eiswasser stellen. Der Vla sollte alle paar Minuten umgerührt werden, um das Bilden einer Haut auf der Oberfläche zu vermeiden. Dies so lange wiederholen, bis beim Rühren kein Dampf mehr entweicht. Vla in Dessertschüsseln füllen und im Kühlschrank abkühlen lassen.

Boerenkool (Grünkohl): Kartoffeln schälen und in gleich große Stücke schneiden. Die Kartoffeln zusammen mit dem grob gehackten Grünkohl in einem großen Topf in reichlich gesalzenem Wasser 20 Minuten garen lassen. Milch und Butter in einem kleinen Topf erwärmen. Mischung zu den Kartoffeln und dem Grünkohl geben und alles zu einem groben Püree stampfen. Mit Salz und Pfeffer abschmecken. Parallel dazu die Rookworst im Wasser erwärmen (nicht aufkochen lassen). Alternativ kann die Wurst auch auf dem gestampften Grünkohl noch rund 10 Minuten miterwärmt werden. Auf diese Weise vermischen sich alle Aromen. Grünkohl und die in mundgerechte Stücke geschnittene Wurst auf die Teller verteilen. Senf nach Geschmack dazu servieren.

Zum Kochvideo

ÖSTERREICH

• DER MEHLSPEISEN-SPEZIALIST •

Österreich – ein Land zwischen Tradition und Trend, dynastischer Vergangenheit und dynamischer Gegenwart. Was früher die Heiratspolitik der Habsburger leistete, bringt heute die europäische Zusammenarbeit mit den Nachbarländern. Die engen historischen Verflechtungen des einstigen Vielvölkerstaats spiegeln sich auch in seiner kulinarischen Vielfalt wider. Böhmen, Mähren, Ungarn, Kroatien und Norditalien hinterließen die deutlichsten schmackhaften Spuren.

Vom Kaiserschmarrn über den Gugelhupf bis zum Palatschinken – Mehlspeisen gehören zu Österreichs kulinarischen Highlights, deren Rezepte im Laufe der Jahrhunderte von Generation zu Generation weitergegeben wurden. Ein delikater Klassiker sind die **Marillenknödel**, mit Topfenteig umhüllt, mit Marille und Zucker gefüllt. Die Speise gibt auch einen Einblick in die sprachlichen Besonderheiten des Österreichischen: Marille ist die Aprikose, Topfen – der Quark. **Johanna Baumgartner** bereitet die süße Mehlspeise mit präziser Fingerfertigkeit zu. Die Marillenknödel sind erst fertig, wenn sie, mit Puderzucker bestäubt, schön auf dem Teller drapiert sind.

DIE KÖCHIN: JOHANNA BAUMGARTNER

Johannas Geheimtipp, damit's gelingt:

„Unbedingt doppelgriffiges Mehl nehmen. Beim Kauf der Marillen auf Qualität und Reife achten, sie außerdem erst kurz vor dem Entkernen waschen und gut abtrocknen. Man kann – natürlich nur für Erwachsene – auch eine alkoholische Variante der Marillenknödel zubereiten, indem man den Würfelzucker in Marillenschnaps eintaucht, bevor man die Marillen damit befüllt."

GUTEN APPETIT!

MARILLENKNÖDEL

• QUARKBÄLLCHEN MIT APRIKOSENFÜLLUNG •

4 – 5
Personen

45 Min.
+ 4 Std. Ruhezeit
für den Teig

Marillenknödel stehen in Österreich ganzjährig auf der Speisekarte. Wenn möglich, nach „Original Wachauer Marillen" Ausschau halten – dies ist eine von der EU geschützte Herkunftsbezeichnung, und die Wachauer Marillen haben ein ganz besonderes Aroma.

ZUTATEN

Für den Teig:

60 g Butter

1 Prise Salz

Schalenabrieb von 1/2 unbehandelten Zitrone

1 Ei & 1 Eigelb

150 g doppelgriffiges Mehl

400 g Quark (Topfen) mit 10 % Fettgehalt

etwas Mehl zum Bestäuben

Für die Füllung:

15 kleine Marillen (Aprikosen)

15 Stück Würfelzucker

Zum Bestreuen:

250 g Butter

150 g Semmelbrösel

Puderzucker

ZUBEREITUNG

Die handwarme Butter mit Salz und der Zitronenschale mithilfe eines Mixers schaumig schlagen. Dann das Ei und ein weiteres Eigelb unterrühren. Das Mehl und den Quark (Topfen) hinzufügen und mit der Hand zu einem glatten Teig verkneten. Mit Frischhaltefolie bedecken und mindestens 4 Stunden lang im Kühlschrank ruhen lassen.

Die Aprikosen (Marillen) waschen, abtrocknen und die Kerne mit dem Stiel eines Kochlöffels aus der Frucht drücken. Würfelzucker anstelle der Kerne in die Früchte füllen. Anschließend den Teig auf einer bemehlten Arbeitsfläche zu einer etwa 5 cm dicken Rolle formen und in Stücke schneiden. Die Teigstücke flach drücken, die Marillen damit umhüllen und mit den Fingerspitzen den Teig verschließen. Mit bemehlten Handflächen und rotierenden Bewegungen Knödel aus den Teigstücken formen.

Salzwasser aufkochen und die Knödel hineinlegen. Zum Umdrehen werden die Knödel mit dem Kochlöffel leicht angestoßen. Nach 12 Minuten die Knödel mit einem Holzstäbchen oder einer Stricknadel anstechen: Wenn die Frucht innen weich ist, die Knödel aus dem Wasser heben und gut abtropfen lassen. Noch während die Knödel kochen, die übrige Butter schmelzen und die Semmelbrösel darin goldbraun anrösten. Die Knödel in den Butterbröseln wälzen, anrichten und mit Puderzucker bestreuen.

Zum Kochvideo

POLEN

• BRÜCKE ZWISCHEN OST UND WEST •

Polen ist das Bindeglied zwischen West- und Osteuropa. Es reicht von der Oder bis zu den Grenzen von Russland, Litauen, Belarus und der Ukraine. Kein Land Europas hat mehr gemeinsame Grenzen mit Nachfolgestaaten der Sowjetunion.

Die polnische Küche weist viele Einflüsse der östlichen Nachbarn auf, es gibt aber auch Gemeinsamkeiten mit traditionellen deutschen oder skandinavischen Speisen. Das polnische Nationalgericht sind Piroggen – ein Gericht, das in Varianten auch in Osteuropa wie in Finnland beliebt ist.

DIE KÖCHIN: HALINA SZAFRANSKA

Halina Szafranska kocht ihre Lieblingsvariante **„Pierogi z tymiankiem"** – Teigtaschen mit Thymian. Liebevoll zubereitet, denn der Teig verlangt ganze Hingabe. Halina gibt dem Familienrezept noch eine eigene Note: Weil eine ihrer Schwestern den Teig mit einem Ei macht und die andere ganz ohne Ei auskommt, hat sie sich für das halbe Ei im Piroggenteig entschieden.

Halinas Geheimtipp, damit's gelingt:
„Piroggen-Teig kneten, bis er nicht mehr an den Händen klebt und trotzdem weich bleibt. Und die Zwiebeln lange dünsten, bis sie ganz weich sind."

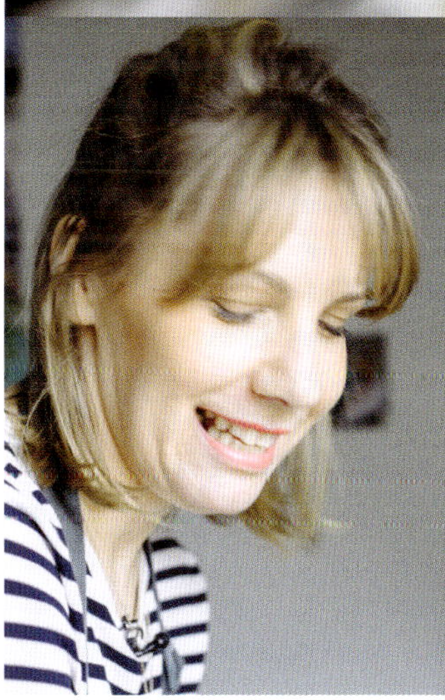

SMACZNEGO!

POLEN

PIEROGI Z TYMIANKIEM

• TEIGTASCHEN MIT THYMIAN •

4
Personen

45 – 60 Min.
Zubereitung

Piroggen gibt es in unzähligen Variationen: Zu Neujahr werden süße Piroggen zubereitet, zu Hochzeiten werden Piroggen mit Hühnerfleisch gezaubert und zu Weihnachten reicht man traditionell Piroggen mit Sauerkraut und Pilzfüllung.

ZUTATEN

Für die Füllung:
6 mittelgroße Kartoffeln
1 große weiße Zwiebel
frischer Thymian
500 g Schichtkäse

Für den Teig:
500 g Mehl
1 Ei
Kurkuma

Zum Anrichten:
1 rote Zwiebel
400 g Schmand
frische Petersilie

Zusätzlich:
Rapsöl zum Braten
Salz & Pfeffer

ZUBEREITUNG

Kartoffeln schälen und weichkochen, aus dem Kochwasser nehmen und abkühlen lassen. Eine große Zwiebel in kleine Würfel schneiden und in Rapsöl langsam goldbraun dünsten. Mit Salz, Pfeffer und Thymian würzen. Für den Teig Mehl, 250 ml heißes Wasser, Salz, ein halbes Ei und Kurkuma (für die Farbe) verrühren und ca. 15 Minuten gut durchkneten. Je nach Bedarf Mehl hinzugeben, so lange, bis der Teig nicht mehr an den Händen klebt und sich trotzdem weich anfühlt. Den Teig zu einer Kugel formen, in Klarsichtfolie einwickeln und ca. 20 Minuten ruhen lassen.

Die abgekühlten Kartoffeln stampfen. Die gedünsteten Zwiebeln und den Schichtkäse zugeben, alles gut vermischen und mit Salz und Pfeffer abschmecken. Nun die rote Zwiebel in Ringe schneiden, andünsten, Thymian hinzugeben und beiseite stellen.

Den Teig in zwei Hälften teilen und dünn ausrollen. Ein Glas benutzen, um kreisrunde Teigfladen auszustechen. Nachdem der Teig ausgestochen wurde, die Käsefüllung in die Mitte geben und den Teig von links nach rechts einklappen, sodass die Füllung eingeschlossen wird. Piroggen-Ränder mithilfe einer Gabel verschließen. In einem großen Topf Wasser mit Salz zum Kochen bringen. Die Piroggen hineinlegen und, sobald sie an der Wasseroberfläche schwimmen, wieder herausnehmen. Auf einem Teller mit einem Esslöffel Schmand, den gedünsteten roten Zwiebelringen und fein gehackter Petersilie servieren.

Zum Kochvideo

PORTUGAL

• DIE ENTDECKUNG DES MEERES •

Portugal – ein Land, das den Hafen bereits im Namen trägt, dessen zweitgrößte Stadt Porto, also „Hafen“ heißt und das Portwein exportiert. Dieses Land hat natürlich eine besondere Beziehung zum Meer. Hier am äußersten westlichen Rand Kontinentaleuropas bietet Portugals Küste dem Atlantik die Stirn. Das Meer trennt und verbindet, und wohl deshalb begann die Entdeckung der Welt, aus europäischer Sicht, von Portugal aus. Vom Kap der Guten Hoffnung bis zur Magellanstraße – die portugiesische Beziehung zum Meer hat die Welt verbunden und Portugal geprägt.

Die nationale Küche Portugals ist vielfältig, doch die maritime Ausrichtung des Landes spielt auch hier eine wichtige Rolle. Das schätzen auch **André und Paulo** und kochen ein sehr schmackhaftes Fischgericht: **Arroz de tamboril** – Seeteufelreis. Das Fleisch des Seeteufels ist fest und behält den Biss trotz Kochen und Braten. Das macht den würzig-aromatischen und sämigen Reis-Gemüse-Fischeintopf auch noch zu einem Kaugenuss. André ist in Portugal aufgewachsen und dem Land noch immer sehr verbunden. Für ihn und Paulo bringt Arroz de Tamboril den Geruch und Geschmack Portugals in die Küche.

DAS KOCHTEAM: ANDRÉ & PAULO

Andrés & Paulos Geheimtipp, damit's gelingt: *„Das Gericht darf nicht zu trocken sein. Der Düsseldorfer würde sagen: Es muss schlotzig sein. Daher nach Bedarf entsprechend Wasser oder Weißwein hinzufügen.“*

BOM APETITE!

ARROZ DE TAMBORIL

• SEETEUFELREIS •

6 Personen

30 Min. Zubereitung

Dieser aromatische Eintopf spiegelt die portugiesische Küche auf perfekte Weise wider: Bodenständig und einfach, die Qualität der Zutaten bestimmt den Geschmack.

ZUTATEN

800 g frisches Seeteufelfilet
1 rote und 1 grüne Paprika
1 große Zwiebel
2 Knoblauchzehen
1 Lorbeerblatt
3 Tomaten
1/4 Bund frischer Koriander
1 Glas Weißwein (trocken oder spritzig)
400 g Reis
250 g Gambas
Piri-Piri-Sauce
Olivenöl
Salz & Pfeffer

ZUBEREITUNG

Olivenöl in einem Topf erhitzen. Dann den Seeteufel darin anbraten und mit Salz und Pfeffer leicht würzen. Nach dem Anbraten das Seeteufelfleisch in eine Schüssel geben und ruhen lassen. Den Bratensud auffangen.

Die Paprika entkernen und klein schneiden. Zwiebel und Knoblauch schälen und fein hacken. Die Tomaten würfeln, den Koriander waschen, trocken schütteln und fein hacken. Dann Paprika, Zwiebeln und Knoblauch mit einem Lorbeerblatt im Seeteufel-Sud anbraten. Nach kurzem Garen den Koriander und die Tomaten hinzufügen. Den Weißwein angießen und weitere zwei Minuten köcheln lassen. Danach 500 ml Wasser dazugeben.

Nachdem alles etwas durchgezogen ist, den Reis hinzufügen und mit geschlossenem Deckel leicht köcheln lassen. Die Gambas waschen und trocken tupfen. Bevor der Reis vollständig weich ist, Gambas hinzufügen – für den Geschmack.

Nach Belieben mit der typischen portugiesischen Piri-Piri-Sauce würzen. Achtung, scharf! Zum Schluss, wenn der Reis fertiggekocht ist, wird der Seeteufel hinzugefügt. Gut umrühren, weitere 10 Minuten köcheln und vor dem Servieren etwas ziehen lassen.

Zum Kochvideo

RUMÄNIEN

• WAHRUNG ALTER KOCHTRADITIONEN •

Rumänien ist von der Fläche her etwa zwei Drittel so groß wie Deutschland. Das bergige, grüne und dicht bewaldete Land erstreckt sich an einer etwa 225 Kilometer langen Küste des Schwarzen Meeres zwischen Bulgarien, Serbien, Ungarn, Moldawien und der Ukraine als Nachbarländer. Dass die hier vorzufindende Küche durch die zahlreichen Kulturen und Traditionen beeinflusst wird, liegt auf der Hand.

Traditionell ist auch das Gericht von **Aurora Meurer**: **„Ciulama de ciuperci, pui si „mămăligă“** – Cremige Pilzsauce mit Hähnchen und Maisbrot. Aurora erklärt, dass es sich hier um ein typisches Sonntagsgericht ihrer Großmutter handelt, da Fleisch in früheren Zeiten eher eine Seltenheit war. Die zum Hauptgang gereichte Mămăligă ist eine Art fester Maisbrei, der sich in Rumänien großer Beliebtheit erfreut. Geschnitten wird die Mămăligă traditionell mithilfe eines Fadens. Und gewürzt mit einer Prise Auroras Heimat – dem Salz, das von ihrem Vater aus einem rumänischen Salzberg gewonnen, gemahlen und zu Aurora nach Deutschland versendet wurde.

Auroras Geheimtipp, damit's gelingt:

„Keine Creme fraîche mit reduziertem Fettgehalt nehmen. Um das Maisbrot leichter aus dem Topf zu stürzen, kann man mit einem angefeuchteten Holzlöffel oder Holzwender am Rand des Topfes von oben nach unten entlangfahren – so löst es sich leichter.“

POFTĂ BUNĂ!

CIULAMA

• HÄHNCHEN MIT PILZSAUCE •

4
Personen

60 Min.
Zubereitung

Ciulama ist ein rumänisches Hühnchengericht, das gerne mit Mămăligă, einem Maisbrot, serviert wird. Früher galt die Mămăligă als Arme-Leute-Essen, heute hat sich ihr Image gewandelt. Als Vorspeise oder als Beilage für Fleischgerichte kommt der Maisgries zum Einsatz.

ZUTATEN

1 ganzes Hähnchen
2 große Zwiebeln
200 g Champignons
400 g Creme fraîche
Dill (nach Belieben)
600 g Maismehl
Öl zum Braten
Salz & Pfeffer

ZUBEREITUNG

Ciulama: Den Backofen auf 180 Grad Umluft vorheizen. Das Hähnchen mit Wasser, Salz und Öl übergießen und im Backofen 1 Stunde garen. Die Zwiebeln schälen, klein schneiden und mit Öl in einem großen Topf bei mittlerer Hitze anbraten.

Währenddessen die Champignons schneiden. Wenn die Zwiebeln goldgelb sind, können die geschnittenen Champignons hinzugegeben werden. Alles für mindestens 10 Minuten anbraten und dabei stetig rühren, bis die Pilze eine weiche Konsistenz haben. Die Creme fraîche hinzugeben und alles einmal aufkochen lassen. Danach mit Salz und Pfeffer sowie Dill würzen. Das Fleisch des fertig gegarten Hähnchens klein schneiden und zur Sauce in den Topf geben.

Maisbrot: In einem Topf 800 ml gesalzenes Wasser zum Kochen bringen. Dann das Maismehl langsam – unter Rühren – hinzugeben. So lange kräftig mit einem Schneebesen oder Holzlöffel rühren, bis das Maismehl eine feste Konsistenz erreicht hat. Danach die Hitze reduzieren. Nach einigen Minuten kann das Maisbrot aus dem Topf auf ein Holzbrett gestürzt werden.

Das Brot in Stücke schneiden und auf die Teller geben. Ciulama darauf verteilen und heiß servieren.

Zum Kochvideo

Anka Galun bereitet ihren Vierlingsstrudel. (linke Seite) | Michael Meyer kocht mit viel Liebe sein Boeuf Bourgignon. (o.) | Selbst zubereitete Speisen schmecken immer noch am besten! (u. l.) | Bitte lächeln: Sonya Velikova aus Bulgarien. (u. r.)

SCHWEDEN

• MITTEN IN DER NACHT •

Schweden ist ein von langen, harten Wintern geprägtes Land. Deshalb hat sich im Laufe der Jahrhunderte eine ausgeprägte Vorratshaltung entwickelt, die hauptsächlich für den Winter vorsorgen sollte. Für die klassische, typisch schwedische Küche steht die traditionelle, haltbare „Husmanskost". Hierzu zählen Gerichte mit Fleisch, wie Elch- und Rotwildfleisch, sowie Fisch und Meeresfrüchte. Ein treuer Begleiter: die Kartoffel.

Die Bedeutung der gelben Wurzelknolle in der traditionellen schwedischen Küche betont auch **Jessica Machon**. Sie sagt, dass es früher kaum eine Mahlzeit gab, die ohne Kartoffeln auskam. Insbesondere die ältere Generation hält daran bis heute fest. Kartoffeln stehen auch im Mittelpunkt eines ganz besonderen schwedischen Gerichts: **„Janssons frestelse"** – Janssons Versuchung. Dieser schwedische Klassiker darf auch auf dem Smörgasbord, einem großen Buffet, nicht fehlen. Jessica kennt das Gericht aber auch als „Nattamat", Mitternachtsschmaus. So wird das deftige Gericht gerne für Gäste einer Party gereicht, damit sie gestärkt den Heimweg antreten können.

Jessicas Geheimtipp, damit's gelingt:
„Versuchen Sie Krydpeppar für den Anchovis-Sud zu verwenden! Er ist typisch schwedisch und gibt dem Ganzen eine besondere Note."

SMAKLIG MÅLTID!

SCHWEDEN

JANSSONS FRESTELSE

• JANSSONS VERSUCHUNG •

4 – 8
Personen

90 Min.
Zubereitung

In Schweden wird Janssons frestelse gerne zu großen Festen wie Ostern, Mittsommer oder Weihnachten, typischerweise auf einem Smörgåsbord (schwedisches Buffet) serviert.

ZUTATEN

1 kg Kartoffeln

2 Zwiebeln

1 kleine Dose Anchovis schwedische Art

200 ml Sahne

Salz & Pfeffer (oder Kryddpeppar = schwedischer Gewürzpfeffer bzw. Piment)

50 g Semmelbrösel (auch gern selbst gemacht aus altem Brot)

100 g Butter

ZUBEREITUNG

Den Backofen auf 200 Grad Umluft vorheizen. Die Kartoffeln schälen und stiften. Die Zwiebeln schälen und in dünne Ringe schneiden. Anchovis aus der Konserve holen und den Sud in einem Schälchen auffangen. Den Anchovis-Sud mit Sahne, Pfeffer oder Kryddpeppar und etwas Salz vermischen. Semmelbrösel aus altem, zerriebenem Brot herstellen oder fertige Semmelbrösel bereitstellen.

Eine Auflaufform (25 cm Durchmesser) mit Butter einfetten und die Hälfte der gestifteten Kartoffeln hineinlegen. Die Anchovis gleichmäßig auf den Kartoffeln verteilen und die Zwiebeln darüberstreuen. Mit Pfeffer würzen. Danach die zweite Hälfte der Kartoffeln aufschichten.

Die Sahne mit dem Anchovis-Sud über den Auflauf gießen und die Semmelbrösel darüberstreuen. Zum Schluss die Butter mit einem Käsehobel hobeln und die Butterstücke gleichmäßig auf dem Auflauf verteilen.

Bei 200 Grad Umluft etwa 30 Minuten garen, danach die Temperatur auf 150 Grad herunterdrehen und den Auflauf für weitere 20 Minuten im Ofen backen.

Zum Kochvideo

SLOWAKEI

• ENTLANG DER DONAU •

Die Slowakei ist eines der Binnenländer in Europa. Ein Land in der Mitte: Österreich im Westen, die Ukraine im Osten, die Berge der Tatra im Norden und die Donau und Ausläufer der Pannonischen Tiefebene im Süden. Ein mitteleuropäischer Raum, in dem vieles ineinandergreift, sich gegenseitig beeinflusst. Keine zwei Hauptstädte in Europa sind sich näher als Wien und Bratislava, die, nicht mal eine Fahrstunde voneinander entfernt, an der Donau liegen. Entsprechend eng sind die Verbindungen auch historisch, kulturell und kulinarisch. Das gilt aber nicht nur für den Nachbarn Österreich.

Die Hauptzutat der **Halušky s bryndzou**, des slowakischen Nationalgerichtes, kommt aus Rumänien, erklärt **Lenka Sieber**. Es ist Brimsen, ein Hirtenkäse, meistens aus Schafsmilch, der wohl ursprünglich aus Siebenbürgen stammend, seinen Weg in die Slowakei gefunden hat. Dort ist er seitdem in Kombination mit Kartoffelnockerln und Speck fester Bestandteil des Nationalgerichtes. Für Lenka ist der Genuss der Halušky s bryndzou ein Muss bei Besuchen in der Heimat und auch ein Stück Heimat auf dem Teller.

DIE KÖCHIN: LENKA SIEBER

Lenkas Geheimtipp, damit's gelingt:
„Der Teig muss recht fest sein. Er muss vom Löffel reißen, darf nicht fließen. Das ist vor allem beim glutenfreien Mehl sehr wichtig, sonst zerfällt er – hier lieber weniger oder gar keine Milch verwenden."

DOBRÚ CHUŤ PRAJEM!

HALUŠKY S BRYNDZOU

• NOCKEN MIT BRIMSENKÄSE •

2
Personen

30 – 40 Min.
Zubereitung

In der Slowakei ist es ein Alltagsgericht, das das ganze Jahr hindurch serviert wird. Den slowakischen original Brimsenkäse gibt es im Spezialhandel oder im Internet. Alternativen bieten sich jedoch genug – der Käse muss nur leicht säuerlich schmecken.

ZUTATEN

500 g Kartoffeln
1 TL Salz
1 Ei (Größe M)
200 g Weizenmehl (oder glutenfreies Mehl)
50 ml Milch
200 g Speck, in Würfel geschnitten
200 g Brimsenkäse (alternativ körniger Frischkäse oder Schafskäse)
Petersilie, gehackt

ZUBEREITUNG

Kartoffeln schälen und in einer Schüssel fein reiben. Gegebenenfalls überschüssiges Wasser abgießen. Salz, Ei und Mehl hinzufügen und gut verrühren. Die Milch vorsichtig zugießen, der Teig muss fest sein. Die Speckwürfel in einer Pfanne kross anbraten und zusammen mit dem Bratfett warmhalten.

Mit einem kleinen Löffel zügig kleine Teigmengen aus dem Kartoffelteig stechen und in kochendes Salzwasser geben. Alternativ kann der Teig auch durch ein Sieb mit großen Löchern gestrichen werden. Kurz aufkochen lassen, bis die Nocken an der Oberfläche schwimmen. Dann die Temperatur niedriger stellen und für weitere 4 – 6 Minuten köcheln lassen.

In einem Topf oder einer Schüssel den Brimsenkäse zerbröseln. Nocken herausnehmen, im Sieb kurz mit Wasser abschrecken und mit dem Brimsenkäse sowie den Speckwürfeln samt Bratfett vermengen. Mit Petersilie bestreuen – fertig sind die Halušky.

Zum Kochvideo

SLOWENIEN

• SCHICHT FÜR SCHICHT •

Slowenien ist ein Konzentrat Europas und gerade deswegen wahrscheinlich etwas sehr Eigenständiges. Dieses kleine Land bietet Raum für 46 Kilometer Adriaküste. Der Triglav ist mit über 2.800 Metern der höchste Berg der Julischen Alpen. In Slowenien treffen sich Mitteleuropa, mediterraner Raum und Pannonische Tiefebene. Das ist landschaftliche, kulturelle und kulinarische Vielfalt in verdichteter Form.

Vielleicht ist es diese komprimierte Vielfalt, die **Anka Galun** inspiriert hat, **„Prekmurska gibanica“**, einen süßen Vierlingsstrudel, zu backen. Der Name bezeichnet die Herkunft dieser Torte aus der Region am Fluss Mur im Nordosten Sloweniens. Ihre Herkunft ist sogar „amtlich“ beglaubigt: Die EU führt sie offiziell im Verzeichnis der garantiert traditionellen Spezialitäten. Der Schichtkuchen vereint Äpfel, Nüsse und Zimt mit Mohn und Quark. Alle Schichten sind durch einen hauchdünnen Filoteig getrennt und tragen so ihr Bestes zum Geschmack bei, ohne ihre Eigenständigkeit zu verlieren.

DIE KÖCHIN: ANKA GALUN

Ankas Geheimtipp, damit's gelingt:

„Geduld und Zeit! Bitte keine fettreduzierten Zutaten verwenden. Der geriebene Apfel sollte in einem Handtuch oder Ähnlichem ausgedrückt und aufgefangen werden, damit die Apfelschichten nicht zu nass sind.“

DOBER TEK!

SLOWENIEN

PREKMURSKA GIBANICA

• VIERLINGSSTRUDEL •

8 Personen

60 Min. + 2 Std. Backzeit

Prekmurska gibanica zählt zu den Nationalgerichten Sloweniens. Der Name dieser alten Fest- und Ritualspeise aus Prekmurje leitet sich vom Wort guba (slowenisch: Falte) ab. Über Jahrhunderte hinweg wurde die Gibanica um mehrere Schichten von Füllungen bereichert und entwickelte sich so zu ihrer heutigen Erscheinungsform.

ZUTATEN

Mürbeteig (nach eigenem Rezept)

Strudelteig (Filoteig aus dem Kühlregal)

300 g gemahlener Mohn

420 g Zucker

5 Päckchen Vanillezucker

1,2 kg Quark

5 Eier

Salz

300 g gemahlene Walnüsse

1,5 kg geriebene Äpfel (am besten Boskop)

Zimt

800 ml Schmand, alternativ Sahne

250 g Margarine oder Butter

ZUBEREITUNG

Den gemahlenen Mohn, 100 g Zucker und 1 Päckchen Vanillezucker vermengen. Die Quarkfüllung aus Quark, 2 Eiern, 100 g Zucker, 1 Päckchen Vanillezucker und einer Prise Salz (nach Bedarf) zubereiten. Die Walnussfüllung aus gemahlenen Walnüssen, 100 g Zucker und 1 Päckchen Vanillezucker zubereiten.

Die Apfelfüllung aus geriebenen Äpfeln, 120 g Zucker, 2 Päckchen Vanillezucker und Zimt zubereiten. Für den Sahneguss 3 Eier langsam mit der Sahne bzw. dem Schmand verquirlen. Der Fettguss besteht aus zerlassener Butter (oder Margarine).

Die Backform (40 × 30 cm) zunächst mit einer Schicht Mürbeteig belegen und dann mit einer Schicht Strudelteig bedecken. Es folgt die Mohnfüllung, die mit Fettguss und Sahneguss übergossen wird. Diese Füllung wieder mit Strudelteig bedecken und mit der Quarkfüllung bestreichen. Es folgen die Walnuss- und die Apfelfüllung sowie ein Teil des Fettgusses und Sahnegusses, dann wieder Strudelteig. Die Reihenfolge wird zweimal wiederholt. Über die letzte Füllung wird wiederum eine Schicht des Strudelteigs gelegt, die entweder mit dem Sahneguss oder dem Fettguss besprenkelt wird.

Je nach Backofen 2 Stunden bei 170 – 180 Grad Ober- / Unterhitze auf der unteren Schiene backen.

Zum Kochvideo

SPANIEN

• TORTILLA STATT TORTE •

Die regionale Vielfalt macht Spaniens Küche aus. Wie in vielen mediterranen Ländern wird auch in Spanien das gekocht, was die Region bietet: in den Küstenregionen vornehmlich Fisch und Meeresfrüchte, im Landesinneren eher Fleisch. Häufig entstammen spanische Gerichte aus der eher einfachen Küche und zeigen doch, wie köstlich diese meist mit wenig Zutaten zubereiteten Speisen sein können.

Inma kocht mit ihrer Tochter **Theresa „Tortilla española"**, spanisches Kartoffelomelett. Die Tortilla ist für Inma, neben der Paella und der Gazpacho, das wichtigste Nationalgericht – und ein Stück Heimat. Als kleines Mädchen wünschte sie sich nie einen Kuchen zum Geburtstag, sondern immer eine Tortilla. Inma verrät, dass die Tortilla etwas kniffelig zum Nachkochen ist. Doch Übung macht den Meister.

DAS KOCHTEAM: INMA & THERESA

Inmas Geheimtipp, damit's gelingt:
„Immer wieder umrühren, damit die Kartoffeln nicht braun werden. Olivenöl sehr gut abtropfen lassen. Genug Eier nehmen (immer ein Ei mehr als Kartoffeln). Und damit die Tortilla an den Seiten nicht anbrennt, das Öl stark erhitzen und in der Pfanne schwenken, damit es sich an den Rändern gut verteilt."

¡QUE APROVECHE!

TORTILLA ESPAÑOLA

· SPANISCHES KARTOFFELOMELETT ·

Auf Partys, zum Frühstück, zum Mittagessen, zum Abendessen – Tortilla ist ein Allrounder.

5
Personen

45 Min.
Zubereitung

ZUTATEN

700 g Kartoffeln
(4 große oder 5 mittlere)
1 Zwiebel
(nach Geschmack)
500 – 700 ml Olivenöl
5 Eier
Salz

ZUBEREITUNG

Die Kartoffeln waschen, schälen und in gleich große Scheiben schneiden – 1 cm dick und 5 cm lang. Die Zwiebel schälen und fein hacken oder in halbe Ringe schneiden. In einer Pfanne ausreichend Olivenöl heiß werden lassen. Die Kartoffeln salzen und mit den Zwiebeln in das heiße Öl legen. Die Kartoffeln bei mittlerer Hitze langsam garen und weich werden lassen. Währenddessen die Eier in einer Schüssel aufschlagen. Eine Prise Salz hinzufügen. Die Tortilla wird besonders locker, wenn die Eier gut aufgeschlagen werden (Schneebesen oder Handmixer). Die Kartoffeln nicht braun werden lassen und stetig umrühren. Wenn sie gar sind, aus dem Öl nehmen und in einem Sieb abtropfen und abkühlen lassen. Eiermasse zu den Kartoffeln geben, unterrühren und etwas ziehen lassen. Pfanne mit wenig Olivenöl bestreichen und erhitzen. Ideal ist eine beschichtete Pfanne mit 20 – 24 cm Durchmesser.

Die Kartoffel-Ei-Mischung in die heiße Pfanne geben und die Temperatur auf mittlere Stufe reduzieren. Wichtig: Die Pfanne leicht bewegen und die Ränder der Tortilla vorsichtig vom Pfannenrand mit einem Holzlöffel lösen. Die erste Hälfte des Bratvorgangs ist fertig, wenn sich die äußere Schicht festigt und goldgelb wird (nach ca. 5 Minuten). Zum Wenden der Tortilla eine zweite, gleich große und erhitzte Pfanne vorbereiten. Diese kopfüber auf die erste legen, und die Tortilla in die Pfanne stürzen, sodass die bisher noch nicht angebratene Seite auf dem Pfannenboden liegt und braten kann. Alternativ geht auch ein eingeölter Teller. Die andere Seite der Tortilla bei mittlerer Hitze anbraten, bis sie goldgelb ist (ca. 5 Minuten). Mit einem Zahnstocher feststellen, ob die Tortilla gar ist. Die Tortilla bei Zimmertemperatur servieren. Vorher in „Kuchenstücke" oder kleine quadratische Stücke schneiden und als Tapas reichen.

Zum Kochvideo

TSCHECHIEN

• VOM KNÖDEL ZUM KNEDLÍK UND ZURÜCK •

Tschechien – ein Blick auf die Landkarte zeigt, mittiger geht es nicht in Mitteleuropa. Von der Nordgrenze Tschechiens zur Ostsee ist es etwa so weit wie von der Südgrenze bis zur Adria. Bei so einer Lage ist der kulinarische Austausch mit den angrenzenden Regionen sehr bereichernd, vielseitig und geschmackvoll.

Pavla Kutnerová kocht **„Svíčková omáčka s knedlíkem"** – zu Deutsch „Lendenbraten auf Rahm mit Hefeklößen". Allein das Wort „knedlík" verrät den kleinen Grenzübertritt: Vom österreichisch-bayerischen Knödel ist der Weg zum „kleinen Knoten" nach sprachlicher Herleitung nicht weit. Insofern ist das Gericht schon namentlich ein Repräsentant des kulinarischen Austauschs zwischen den Regionen und gleichzeitig eine urtschechische Speise mit eigener Note.

DIE KÖCHIN: PAVLA KUTNEROVÁ

Pavlas Geheimtipp, damit's gelingt:
„Die tschechische Gewürzmischung Svíčková omáčka macht den Unterschied. Sie enthält Ingwer, ganze Pfefferkörner, Wacholderbeeren, Piment und Lorbeerblätter, die in einem kleinen Säckchen mitgekocht werden. Man kann die genannten Gewürze auch selbst zusammenstellen und beispielsweise in einem Teesieb hinzugeben."

DOBROU CHUŤ!

TSCHECHIEN

SVÍČKOVÁ OMÁČKA S KNEDLÍKEM

• LENDENBRATEN AUF RAHM MIT HEFEKLÖẞEN •

Der Lendenbraten ist ein klassisches Gericht der tschechischen Küche. Das Gericht wird gerne im Familienkreis oder bei besonderen festlichen Anlässen gegessen.

4 Personen

2,5 Std. Zubereitung

ZUTATEN

Für den Braten:

1 kg Rinderfilet
250 g Speck
2–3 Zwiebeln
150 g Sellerie
200 g Möhren
1 Bund Petersilie
abgeriebene Schale 1/2 Zitrone
300–400 ml Brühe
1 EL Zucker
1 Beutel Svíčková-omáčka (im Onlinehandel)
Salz & Pfeffer
200 ml Sahne

Für die Klöße:

1/2 Würfel frische Hefe
1 Prise Salz
3 TL Zucker
200 ml Milch
300 g Spätzlemehl (oder doppelgriffiges Mehl)
Brötchenwürfel

Nach Belieben:

Preiselbeergelee

ZUBEREITUNG

In das Rindfleisch drei Löcher schneiden und diese mit jeweils einem Speckstreifen befüllen. Von allen Seiten salzen, pfeffern und in einer Pfanne anbraten. In einem Topf die Zwiebeln in Speiseöl anschwitzen, dann den restlichen Speck darin anbraten und anschließend Sellerie, Möhren, Petersilie, Zucker und die abgeriebene Zitronenschale zugeben und andünsten. Die Brühe angießen und alles mit Salz und Pfeffer abschmecken. Zuletzt die fertige Svíčková-omáčka-Gewürzmischung hinzugeben. Schließlich das Rindfleisch in die Sauce geben und mit Wasser auffüllen, bis das Fleisch bedeckt ist. Alles 1–1,5 Stunden bei geschlossenem Deckel köcheln lassen.

Für die Hefeklöße einen halben Hefewürfel zerkleinern, mit Salz, Zucker, lauwarmer Milch und 2 EL Spätzlemehl mischen und etwa 5 Minuten stehen lassen. Das restliche Mehl mit Salz, Brötchenwürfeln und der Hefemischung zu einem Teig kneten. Dieser sollte nicht zu fest und nicht zu klebrig sein. Mit 1 EL Mehl bestäuben und eine halbe Stunde lang in einer mit einem Küchentuch abgedeckten Schüssel gehen lassen. Anschließend den Teig noch einmal kurz durchkneten und in zwei gleich große längliche Klöße formen. Während die Klöße ein weiteres Mal 5–10 Minuten gehen, Fleisch und Gewürzsäckchen herausnehmen und die Sauce mit einem Pürierstab pürieren. Sahne hinzugeben und das Ganze weitere 10 Minuten köcheln lassen.

In der Zwischenzeit die beiden Klöße 20 Minuten lang in einem mit Backpapier ausgelegten Dampfgartopf dämpfen. Anschließend herausnehmen und mit einer Gabel an mehreren Stellen in den Teig stechen, damit der Dampf entweichen kann und die Klöße nicht zerfallen. Klöße und Fleisch in Scheiben schneiden und mit der Soße und Preiselbeergelee servieren.

Zum Kochvideo

UNGARN

• MIT DREIBEIN UND KESSEL •

Ungarn – ein Land ohne Küste, und doch wird das Leben vom Wasser bestimmt. In Budapest teilt die Donau die pulsierende Stadt in zwei Teile. Der Balaton, der größte Binnensee Mitteleuropas, sorgt für kühles Nass mitten in der Natur. Viele Kurorte nutzen die Thermalquellen, die aus dem Boden sprudeln und ihre heilende Wirkung entfalten. Wasser ist Lebenselixier, ein elementarer Bestandteil Ungarns Naturlandschaften.

An der frischen Luft kocht **Jörg Förster** sein **„Paprikás Csirke"**. Diese Art zu kochen wurzelt in der Lebensweise der Hirten, die in den Kesseln über offenem Feuer Fleischgerichte zubereiteten. Im Laufe der Jahrhunderte gesellten sich Einflüsse aus anderen Ländern dazu. Vor allem den Türken verdankt die ungarische Küche ihren Klassiker: das Paprikapulver. Das zunächst als „türkischer Pfeffer" bezeichnete Gewürz kommt natürlich auch bei Jörg zum Einsatz und entfaltet im Kessel seine volle Wirkung. Das Kochen ist für Jörg vor allem Kulisse für das Zusammenkommen – in Küchen wie an Lagerfeuern.

DER KOCH: JÖRG FÖRSTER

Jörgs Geheimtipp, damit's gelingt:
„Wenn im Kessel am offenen Feuer gekocht wird, muss besonders darauf geachtet werden, dass das Fleisch und die Gewürze nicht anbrennen."

JÓ ÉTVÁGYAT!

PAPRIKÁS CSIRKE

• PAPRIKAHUHN IM KESSEL •

4
Personen

60 Min.
Zubereitung

Paprikás Csirke ist ein Klassiker der ungarischen Küche, der gerne im Freien zubereitet wird. Alternativ kann auch der Herd zum Einsatz kommen. Die wichtigste Zutat ist das fruchtig-scharfe Paprika, das sich aromatisch auf dem Huhn ausbreitet.

ZUTATEN

3 mittelgroße Zwiebeln
1 Paprikaschote (grün)
2 mittelgroße Tomaten
1,5 EL Schweineschmalz oder pflanzliches Öl
1,5 EL Paprikapulver edelsüß
2 Knoblauchzehen
1 ganzes Hähnchen (zerteilt)
1 EL Mehl
200 ml Schmand
Salz & Pfeffer

ZUBEREITUNG

Zwiebeln sehr fein hacken. Paprika und Tomaten in kleine Würfel schneiden. In einem mittelgroßen Topf (oder im Kessel) das Fett erhitzen und die Zwiebeln anschwitzen, bis sie glasig sind. Knoblauch und Paprikapulver hinzugeben und den Topf vom Herd nehmen, damit die Zutaten nicht anbrennen.

Die Hähnchenteile in den Topf geben und anschmoren. Anschließend die gewürfelten Tomaten und Paprika unterrühren. Ca. 150ml Wasser hinzufügen, bis das Fleisch fast vollständig bedeckt ist. Abgedeckt ca. 1 Stunde bei schwacher Hitze köcheln lassen. Sollte der Saft stark verkochen, langsam etwas Wasser dazugeben. Mit Salz und Pfeffer würzen und vorsichtig umrühren. Wenn das Fleisch zart ist, die Hähnchenteile aus dem Topf herausnehmen und beiseitestellen.

In einer kleinen Schüssel das Mehl mit dem Schmand verrühren, bis keine Klumpen mehr vorhanden sind. Eine Kelle Brühe aus dem Topf unterrühren und die Mischung zurück in den Topf gießen und noch einmal kurz aufkochen lassen. Die Sauce abschmecken und das Fleisch anschließend wieder in den Topf geben und noch einmal kurz erwärmen.

Als Beilage Kartoffeln oder Nocken servieren.

Zum Kochvideo

ZYPERN

• ORIENT TRIFFT OKZIDENT •

Nicht nur kulturell und geschichtlich, auch kulinarisch liegt Zypern zwischen Abend- und Morgenland. Viele Völker – von den Phöniziern bis zu den Osmanen und den Griechen – haben hier ihre Spuren hinterlassen. So ist auch die zypriotische Küche eine gelungene Fusion zwischen verschiedenen kulinarischen Traditionen. All diese Einflüsse spiegeln den einzigartigen Geschmack der Mittelmeerinsel wider.

Für **Christina** ist Zypern nicht nur Heimat, sondern auch ein Ort, der sie inspiriert, ein Ort der Vielfalt, eine Insel lebendiger Vergangenheit in gelebter Gegenwart. Hier hat sie von ihrer Großmutter das Kochen gelernt – von ihrer „Kochmuse", wie sie ihre Oma liebevoll nennt. Eine Kochschule aus Gefühl und Erfahrung, bei der die Zutatenmengen immer nach Augenmaß bestimmt wurden.

DIE KÖCHIN: CHRISTINA SCHNORRENBERG

Christinas Geheimtipp, damit's gelingt: *„Das Schweinefleisch muss ein bisschen fettig sein. Damit es richtig zypriotisch wird, kann man die Salatbeilage mit Sumach würzen. Sumach ist ein beliebtes Gewürz aus der orientalischen Küche und wird vor allem in der Türkei als Tischgewürz verwendet. Es schmeckt angenehm frisch, säuerlich und leicht fruchtig."*

KALÍ ÓREXI!

ZYPERN

AFELIA ME POURGOURI

• SCHWEINEGULASCH MIT BULGUR •

4
Personen

1,5 Std.
Zubereitung

Das zypriotische Schweinegulasch wird gerne als Sonntagsessen serviert. Der Koriander verleiht dem Gericht eine besondere Note.

ZUTATEN

Fleisch (Afelia):

1 kg Schweinenacken

1 Scheibe Bauchspeck (nicht geräuchert, ca. 1 cm dick)

2 EL Olivenöl

3 EL Koriandersamen (frisch gemörsert)

400 ml trockener Rotwein

1 TL grobes Meersalz

1/2 TL frisch gemahlener schwarzer Pfeffer

Pourgouri:

180 g grober Bulgur

40 g Vermiccelli-Nudeln

1 TL grobes Meersalz

ZUBEREITUNG

Das Schweinefleisch und die Speckscheibe in kleine Würfel schneiden (2–3 cm). Das Olivenöl in einem Schmortopf erhitzen und das Fleisch scharf anbraten, bis die Flüssigkeit verdunstet und das Fleisch goldbraun ist. Die frisch gemörserten Koriandersamen gleichmäßig und zügig unter das Fleisch mischen. Etwas Salz und Pfeffer nach Geschmack dazugeben. Tipp: Lieber zunächst weniger salzen und pfeffern und dann am Ende noch einmal abschmecken. Rotwein angießen und alles zusammen bei starker Hitze 1–2 Minuten unter Rühren aufkochen.

Den Topf zudecken, bei schwacher Hitze 30 Minuten köcheln lassen. Nach 15 Minuten kontrollieren, ob noch Flüssigkeit vorhanden ist und das Fleisch erneut wenden. Die Afelia sind fertig, wenn sie außen kross und innen weich sind, nach Wein und Koriander schmecken und noch ein bisschen Sauce vorhanden ist.

Das Fleisch noch rund 30 Minuten ohne Hitze im Topf ziehen lassen und in der Zwischenzeit das Pourgouri zubereiten. Dafür 600 ml Wasser in einen Topf geben und mit etwas Salz zum Kochen bringen. Bulgur und Vermiccelli dazugeben und aufkochen lassen. Den Herd ausschalten und das Ganze bis zum Servieren ziehen lassen. Am Ende sollte das Pourgouri feucht und locker sein.

Als weitere Beilage frischen Salat mit vielen Kräutern servieren.

Zum Kochvideo

SO
HMECKT
EU
OPA
europe direct

Jörg Förster bevorzugt die Outdoorküche und bereitet sein Paprikahuhn am offenen Feuer zu. (linke Seite) | Pavla Kutnerová in Aktion: Bei ihr gibt es tschechischen Lendenbraten auf Rahm. (o.) | Harte Kerle weinen nicht: Im Kochteam Deutschland schneidet Kai seine Zwiebeln nur mit Schwimmbrille. (u. l.) | Ein echtes rumänisches Traditionsgericht: Aurora Meurer schneidet ihr Maisbrot traditionell mit einem Faden. (u. r.)

DAS PROJEKT HAT VIELE UNTERSTÜTZER

• EIN HERZLICHES DANKESCHÖN •

Vom Beginn der Vorbereitungen für die 27 Kochvideos bis zur Veröffentlichung dieses Buches sind über zwei Jahre vergangen. Von Anfang an mit dabei war das Team der public vision GmbH Film- und Medienproduktion in Düsseldorf, namentlich zu erwähnen sind Lars Bastian, Nada Kannenberg, Julien Prause und Lukas Herbrand. Sonja Weyers unterstützte das Projekt auf den Social Media Kanälen des EUROPE DIRECT Düsseldorf und trug somit zu einem enormen Bekanntheitsgrad des gesamten Projektes bei.

Unser größter Dank gilt unseren Köchinnen und Köchen, die für uns ihre Küchen geöffnet, Rezepte ausprobiert, seltene Zutaten aus der Heimat besorgt und ihr Können vor der Kamera gezeigt haben. Als überzeugte Europäerinnen und Europäer waren sie mit viel Herzblut am Projekt beteiligt. Danken möchten wir auch dem Droste Verlag, der sich schnell für unsere Idee begeisterte und den Beitrag, den das Buch zur Stärkung des europäischen Bewusstseins vor Ort leistet, erkannte.

Vor allem in der Anfangs- und Endphase des Buches erfuhren wir große Hilfe durch die engagierte Mitarbeit von Sarah Bauer, Jacqueline Imhoff, Britta Rübsam und Julia Schattschneider. Für die Recherche der Protagonisten danken wir Maresa Deuß, Marinko Miletic, dem Generalkonsulat der Republik Kroatien in Düsseldorf, dem Generalkonsulat von Ungarn in Düsseldorf sowie dem Deutsch-Rumänischen Kulturverein – Atheneum e.V., Livia Grama Medilanski. Der MTA Malta (Malta Tourism Authority) und Ralph Icks gilt ein besonderer Dank für die Unterstützung des maltesischen Beitrags.

Unsere Kolleginnen und Kollegen lieferten wertvolle Anregungen und gaben durchweg neue Impulse. Namentlich möchten wir hier – stellvertretend für das Büro für Internationale und Europäische Angelegenheiten der Stadt Düsseldorf – der Leiterin Jessica Breitkopf danken. Ein ebenso großer Dank gilt dem Oberbürgermeister der Landeshauptstadt Düsseldorf, Dr. Stephan Keller. Er bekräftigte stets das Interesse der Stadt an europäischer Zusammenarbeit und auch konkret an unserem Buch und geleitete somit eine große Unterstützung.

DIE AUTORINNEN

ANNETTE KRANZ

Geboren 1971, Studium der Sozialwissenschaften an der Universität Duisburg-Essen und an der University of California, Santa Barbara. Seit 20 Jahren tätig für die Europaarbeit der Landeshauptstadt Düsseldorf, Initiatorin von europäischen Projekten und Publikationen im bildungspolitischen und kulturellen Kontext für das EUROPE DIRECT Düsseldorf.

EVGENIA STRAUß

Geboren 1982, Studium der Kulturwirtschaft an der Universität Duisburg-Essen und Anglistik an der University of Portsmouth. Erst als Referentin beim Auslandsrundfunk Deutsche Welle, dann in unterschiedlichen Positionen bei der Landeshauptstadt Düsseldorf verantwortete sie internationale Medien- und Kooperationsprojekte. Seit 2020 leitet sie das EUROPE DIRECT Düsseldorf.

IMPRESSUM:

Bibliografische Informationen der Deutschen Nationalbibliothek

Die Deutsche Nationalbibliothek verzeichnet diese Publikation in der Deutschen Nationalbibliografie; detaillierte bibliografische Daten sind im Internet über http://dnb.d-nb.de abrufbar.

Einbandgestaltung: Nada Kannenberg

Text: Annette Kranz, Evgenia Strauß und Textbeiträge von Lars Bastian (S. 20, 24, 32, 54, 58, 62, 66, 70, 82, 86, 100, 104, 112, 120)

Satz / Layout: Jennifer Braun Freelancing Design

Fotos: Lukas Herbrand, Julien Prause, außer Seite 127: Sonja Weyers

Produktion Videos: public vision GmbH, Düsseldorf

Lektorat: Brigitte Lotz

Druck und Bindung: P & B Print, Latvija

ISBN 978-3-7700-2504-6

www.droste-verlag.de

Landeshauptstadt Düsseldorf

EUROPE DIRECT Düsseldorf